Simone de Beauvoir

A mulher independente

TRADUÇÃO **Sérgio Milliet**
TRADUÇÃO DE APRESENTAÇÃO, NOTAS E CRONOLOGIA **André Telles**
ORGANIZAÇÃO E APRESENTAÇÃO **Martine Reid**
PREFÁCIO **Veronica Stigger**

3ª edição

Editora
Nova
Fronteira

Título original: *La Femme Indépendante*
Copyright © Éditions Gallimard, 1949, renovado em 1976.
Copyright © Éditions Gallimard, 2008.
Venda proibida em Portugal.

Direitos de edição da obra em língua portuguesa no Brasil adquiridos pela EDITORA NOVA FRONTEIRA PARTICIPAÇÕES S.A. Todos os direitos reservados. Nenhuma parte desta obra pode ser apropriada e estocada em sistema de banco de dados ou processo similar, em qualquer forma ou meio, seja eletrônico, de fotocópia, gravação etc., sem a permissão do detentor do copirraite.

EDITORA NOVA FRONTEIRA PARTICIPAÇÕES S.A.
Av. Rio Branco, 115 – Salas 1201 a 1205 – Centro – 20040-004
Rio de Janeiro – RJ – Brasil
Tel.: (21) 3882-8200

Tradução do texto da página 5 de Alcida Brant.

Imagem de capa: Album / akg-images / Pictures From History

DADOS INTERNACIONAIS DE CATALOGAÇÃO
NA PUBLICAÇÃO (CIP)

B385m   Beauvoir, Simone de
            A mulher independente/ Simone de Beauvoir; traduzido por Sérgio Milliet; organização e apresentação por Martine Reid; tradução de apresentação, notas e cronologia por André Telles; prefácio por Veronica Stigger. – 3.ed. – Rio de Janeiro: Nova Fronteira, 2024.
            120 p.; 15,5 x 23 cm

Título original: *La Femme Indépendante*

ISBN: 978-65-5640-850-7

1. Literatura francesa. I. Milliet, Sérgio. II. Título.

CDD: 843
CDU: 821.133.1

André Felipe de Moraes Queiroz – Bibliotecário –
CRB-4/2242

Conheça outros livros da autora:

Simone de Beauvoir, em suas memórias, nos dá a conhecer sua vida e obra. Quatro volumes foram publicados entre 1958 e 1972: *Memórias de uma moça bem-comportada, A força da idade, A força das coisas* e *Balanço final.* A estes se uniu a narrativa *Uma morte muito suave,* de 1964. A amplitude desse empreendimento autobiográfico encontra sua justificativa numa contradição essencial ao escritor: a impossibilidade de escolher entre a alegria de viver e a necessidade de escrever; de um lado, o esplendor do contingente; do outro, o rigor salvador. Fazer da própria existência o objeto de sua obra era, em parte, solucionar esse dilema.

Simone de Beauvoir nasceu em Paris, a 9 de janeiro de 1908. Até terminar a educação básica, estudou no Curso Désir, de rigorosa orientação católica. Tendo conseguido o certificado de professora de filosofia em 1929, deu aulas em Marseille, Rouen e Paris até 1943. *Quando o espiritual domina,* finalizado bem antes da Segunda Guerra Mundial, só veio a ser publicado em 1979. *A convidada,* de 1943, deve ser considerado sua estreia literária. Seguiram-se então *O sangue dos outros,* de 1945, *Todos os homens são mortais,* de 1946, *Os mandarins* — romance que lhe valeu o Prêmio Goncourt em 1954 —, *As belas imagens,* de 1966, e *A mulher desiludida,* de 1968.

Além do famoso *O segundo sexo,* publicado em 1949 e desde então livro de referência do movimento feminista mundial, a obra teórica de Simone de Beauvoir compreende numerosos ensaios filosóficos, e por vezes polêmicos, entre os quais se destaca *A velhice,* de 1970. Escreveu também para o teatro e relatou algumas de suas viagens ao exterior em dois livros.

Depois da morte de Sartre, Simone de Beauvoir publicou *A cerimônia do adeus,* em 1981, e *Cartas a Castor,* em 1983, o qual reúne uma parte da abundante correspondência que ele lhe enviou. Até o dia de sua morte, 14 de abril de 1986, colaborou ativamente para a revista fundada por ambos, *Les Temps Modernes,* e manifestou, de diferentes e incontáveis maneiras, sua solidariedade total ao feminismo.

Sumário

Prefácio, 9

Apresentação, 13

Nota sobre o texto, 23

Introdução, 25

A mulher independente, 43

Conclusão, 83

Notas, 101

Cronologia, 113

Prefácio
— VERONICA STIGGER —

Em 2024, completam-se 75 anos da publicação de O segundo sexo, de Simone de Beauvoir, lançado em dois volumes pela editora francesa Gallimard em 1949. A tradução de Sérgio Milliet, a primeira desta obra a aparecer no Brasil, só foi lançada 11 anos depois, pela Difusão Europeia do Livro — o primeiro volume saiu em junho e o segundo, em agosto, coincidindo com a vinda de Simone de Beauvoir e Jean-Paul Sartre ao Brasil para uma série de conferências em várias cidades, incluindo Recife, Salvador, Rio de Janeiro e São Paulo.

Mas o livro já vinha repercutindo por aqui antes mesmo de sua versão para o português — e não apenas em notícias que davam conta da polêmica decorrente das questões ali tratadas em torno da "condição feminina", da proibição da obra pelo Vaticano e do processo movido contra Beauvoir pela bailarina Cléo de Mérode, mencionada no capítulo "Prostitutas e hetairas", do segundo volume (trecho que terminou suprimido do livro por decisão da Justiça francesa e que, por esta razão, não aparece na edição brasileira). No ano seguinte a seu lançamento na França, na tese A crise da filosofia messiânica, apresentada em concurso para uma cátedra de filosofia na Universidade de São Paulo (USP), Oswald de Andrade — que, ao lado de Milliet, tomara parte naquele que é um marco do modernismo brasileiro: a Semana de Arte Moderna de 1922 — já se referia ao livro de Beauvoir como um "evangelho feminista que se coloca no pórtico da nova era matriarcal" e à sua autora como uma "grande escritora". Talvez possamos entender "evangelho" aqui tanto em seu sentido etimológico de "boa nova", "boa notícia", quanto como metáfora de seu significado mais corriqueiro, o de texto sagrado. Em pouco tempo, O segundo sexo se consagrou como pedra basilar daquela que ficaria conhecida como a segunda onda do feminismo, ao demonstrar que, nas sociedades patriarcais, a mulher se determina e se

A mulher independente

diferencia em relação ao homem e nunca o contrário:"O homem é o Sujeito, o Absoluto; ela é o Outro", em outras palavras, ela é o "segundo sexo". É essa estrutura que precisa vir abaixo.

A mulher independente é um excerto desse grande estudo de Beauvoir, mais especificamente, o capítulo final do segundo volume (além da introdução do primeiro e da conclusão do segundo), que se constitui como uma espécie de suma em que, a partir de tudo o que foi exposto nos capítulos anteriores, ela delineia, sempre de forma complexa, aspectos que poderiam levar a mulher à sua independência, isto é, que a fariam sair da condição secundária em que se encontra. Em linhas gerais, a autora preconiza que a mulher só pode se tornar independente se conquistar autonomia econômica. Vinte e um anos antes, em *Um teto todo seu*, Virginia Woolf (aliás, citada por Beauvoir no seu estudo), ao refletir sobre a condição da mulher não apenas na literatura, mas também na sociedade, já havia sugerido haver uma "pobreza deplorável" à qual se ligava o sexo feminino, que não tinha controle sobre o próprio dinheiro até pouquíssimo tempo antes, e propunha que, para escrever, seria necessário ter um quarto com tranca na porta e, fundamentalmente, uma renda de quinhentas libras por ano.

Essa é a questão-chave do texto de Beauvoir apresentado nesta edição. "A mulher sustentada — esposa ou cortesã — não se liberta do homem por ter na mão uma cédula de voto", afirma logo de início, referindo-se à principal luta (e conquista) da primeira onda do feminismo: o direito ao voto, que, na França, só foi concedido às mulheres em 1944, cinco anos antes do lançamento de *O segundo sexo* (no Brasil, as mulheres já podiam votar desde 1932). E acrescenta: "Foi pelo trabalho que a mulher cobriu em grande parte a distância que a separava do homem; só o trabalho pode assegurar-lhe uma liberdade concreta." No entanto, complementa, "a simples justaposição do direito de voto a um ofício" não constitui, por si só, "uma perfeita libertação". Isso porque, no capitalismo, "o trabalho não é a liberdade": "Somente em um mundo socialista a mulher, atingindo o trabalho, conseguiria a liberdade. Em sua maioria, os trabalhadores são hoje explorados." Ou seja, para Simone de Beauvoir, não há

Simone de Beauvoir

como estabelecer igualdade entre homens e mulheres se essa luta não passar pela crítica ao capitalismo.

Por outro lado, comenta Beauvoir, o problema é que, mesmo com os avanços conquistados pelas mulheres, não teria havido até aquela data (e talvez até hoje) a necessária mudança estrutural profunda: o mundo continuava (e ainda continua) a ser dominado e regido por homens. Ao longo do texto, a escritora mostra uma série de paradoxos que uma longa tradição de submissão ao homem coloca diante da mulher, como o fato de que sua dedicação e sucesso em uma atividade autônoma poderia acabar contradizendo sua feminilidade, já que, no quadro descrito, a mulher precisa acessar aspectos do universo masculino para se afirmar num mundo todo construído contra ela. Para Beauvoir, a mulher não deve renunciar à feminilidade: ela pode ser tão sexuada como o homem, com os mesmos direitos na busca pelo prazer. Afinal, só há saída para uma salutar relação entre homem e mulher quando há reconhecimento de igualdade. É esta sua conclusão: "É no seio do mundo que lhe foi concedido que cabe ao homem fazer triunfar o reino da liberdade; para alcançar essa suprema vitória, é, entre outras coisas, necessário que, para além de suas diferenciações naturais, homens e mulheres afirmem sem equívoco sua fraternidade."

Apresentação
— MARTINE REID —

para Gisèle Halimi

De maio a julho de 1948, a revista *Les Temps Modernes*, dirigida por Jean-Paul Sartre e Simone de Beauvoir, reproduz três passagens de um "livro a ser publicado sobre a situação da mulher", cujo título era "La femme et les mythes" [A mulher e os mitos]. Elas constam da terceira parte do primeiro volume de *O segundo sexo* e abordam a maneira como Montherlant, Claudel e Breton representaram a mulher em seus romances. A análise é severa, o tom, ferino, e as críticas, quase sempre virulentas, logo aparecem. Ao escritor americano Nelson Algren, com quem mantinha um caso havia um ano, Simone de Beauvoir escreve em 3 de agosto: "[*O segundo sexo*] é um livro denso e longo, que exigirá mais um ano pelo menos, quero que fique realmente bom [...]. Ouço por aí, o que me deleita, que a parte publicada em *Les Temps Modernes* deixou muitos homens furiosos; trata-se de um capítulo dedicado aos mitos aberrantes que os homens alimentam a propósito das mulheres e à poesia desprezível que fabricam a seu respeito. Parecem ter sido atingidos num ponto sensível."

"O primeiro volume foi concluído durante o outono", lembra Simone de Beauvoir em *A força das coisas*, "e decidi levá-lo imediatamente à Gallimard. Como chamá-lo? Divaguei longamente sobre isso com Sartre. [...] Eu pensava em *O outro*, *A segunda*: já era plausível. Uma noite, no meu quarto, passamos horas expelindo palavras, Sartre, Bost e eu. Sugeri: *O outro sexo*? Não. Bost propôs *O segundo sexo*, e, pensando bem, encaixava perfeitamente. Comecei então a trabalhar como louca no volume dois".

A partir de maio do ano seguinte, *Les Temps Modernes* publica mais três capítulos, "A iniciação sexual", "A lésbica" e "A mãe" — dessa

A mulher independente

vez extraídos do segundo volume de *O segundo sexo*: os dois primeiros da parte intitulada "Formação", o terceiro da parte "Situação". Jornalista no *Figaro*, particularmente indignado com as afirmações sobre a sexualidade emitidas por Simone de Beauvoir, François Mauriac não demora a promover uma enquete sobre "a pretensa mensagem de Saint-Germain-des-Prés", esperando dos "jovens intelectuais e escritores" uma total renegação dos movimentos surrealista e existencialista, cuja influência espera encontrar na obra de Simone de Beauvoir. As respostas não tardam a chegar, e o escritor católico, para sua grande surpresa, não encontra nelas a condenação unânime que esperava. As respostas dos autores são, na realidade, nuançadas, atestando sobejamente, a despeito de Mauriac, que uma evolução inexorável estava em marcha na França do pós-guerra, uma evolução nos costumes e nas mentalidades, bem como nas relações entre homens e mulheres.

Em junho de 1949, o primeiro volume de *O segundo sexo*, com o subtítulo "Os fatos e os mitos", é publicado pela Gallimard (nome da autora em maiúsculas pretas sobre a capa marfim, título em maiúsculas vermelhas). Traz uma tarja ilustrada com uma foto de Simone de Beauvoir e Jean-Paul Sartre no Café de Flore, acompanhada da menção "A mulher, essa desconhecida". O livro é dedicado a Jacques Bost; a dedicatória é seguida por citações de Pitágoras e de Poullain de la Barre, um dos primeiros a ter, no século XVII, pleiteado a igualdade dos sexos. Vinte e dois mil exemplares são vendidos na primeira semana, enquanto a crítica esperneia.

Em agosto, a *Paris-Match* publica trechos do segundo volume em seus números de 6 e 13 de agosto: "Uma mulher convoca as mulheres à liberdade", proclama a revista. Esse volume, com o subtítulo "A experiência vivida", é publicado em novembro. Tem como epígrafe duas citações: uma de Kierkegaard, a outra de Sartre. "Ninguém nasce mulher: torna-se mulher", lemos nas primeiras linhas do primeiro capítulo. "Nenhum destino biológico, psíquico, econômico define a forma que a fêmea humana assume no seio da sociedade; é o conjunto da civilização que elabora esse produto intermediário entre o macho e o castrado que qualificam de feminino." Doravante, não se trata mais apenas de evocar fatos e submeter à análise algumas formas de mitificação literária, mas de golpear no coração a construção das representações coletivas. Mil vezes repetida em todas as línguas, a frase serve de pedra angular para o pensamento feminista da segunda metade do século XX, e o que ela enuncia participa de uma verdadeira revolução conceitual.

Em 1949, Simone de Beauvoir está com 41 anos. Uma palavra resume fielmente sua vida nessa época, e ainda por um longo tempo: liberdade. No resumo autobiográfico graças ao qual, a partir dos anos 1960, ela ressuscita o passado com rara franqueza, a noção é percebida desde a adolescência, na forma de uma pulsão profunda e irreprimível. Aparentemente, o destino de uma moça da burguesia parisiense dos anos 1920 parece traçado de antemão: o casamento e a maternidade irão "elevá-la" ao status de esposa e, depois, de mãe; a sociedade nada mais espera dela. Se, porventura, for instruída e amar o estudo a ponto de sonhar com alguma profissão, logo hesitará diante dos sacrifícios, abandonando seus planos de carreira para se dedicar integralmente à sua família. É o que pregam os romances de Colette Yver, que o pai de Simone de Beauvoir tanto aprecia; é também o que a adolescente recusa com determinação: não será "dona de casa", será dona de sua vida. A luta é travada em primeiro lugar no terreno individual. Trata-se de existir para si, romper com os modelos vigentes, ver-se livre para dispor de sua vida. Como? Adquirindo autonomia financeira e intelectual, fazendo estudos a fim de ter uma profissão de verdade. É por seus próprios talentos que Simone de Beauvoir espera alcançar a alforria — não sem dificuldade. Em sua família, como em milhares de outras, tudo é objeto de poderosos *a priori* e ríspidas discussões: os livros que se podem ler, os namorados escolhidos, as pessoas com quem se pode sair, os estudos apropriados. A adolescente resiste (sem dominar tudo), resolve ser professora (profissão feminina) e depois cursar a faculdade de filosofia (atitude claramente mais audaciosa).

A mulher independente

Uma vez adquirida a autonomia intelectual (com a obtenção de um diploma de filosofia), uma vez dotada de uma profissão, logo, de um salário, resta a Simone de Beauvoir construir uma verdadeira independência no domínio afetivo. A tarefa é menos simples do que parece. Ser uma intelectualoide, tudo bem (afinal o fenômeno existe há pelo menos um século), mas uma intelectualoide emancipada! Com Jean-Paul Sartre, a quem conhece em julho de 1929, o "contrato" que assegura a liberdade de cada um é assinado sem maiores problemas: fica acordado que a afeição que os une é "necessária", mas isso não exclui os amores "contingentes", de ambas as partes. O casamento nem sequer é cogitado, tampouco a coabitação (as responsabilidades domésticas poderiam logo vir a criar uma dependência qualquer); a maternidade menos ainda: um projeto, o único que vale a pena de um ponto de vista intelectual e existencial, é efetivamente estabelecido. "Duas preocupações dominaram [minha juventude]", escreve Simone de Beauvoir em *A força da idade*, "viver, e realizar minha vocação ainda abstrata de escritora, isto é, descobrir o ponto de inserção da literatura em minha vida".

Nesse período, a lucidez é notável, a determinação idem; entretanto, até então Simone de Beauvoir só trabalhara para si mesma. Não faz mistério disso em sua biografia, por muito tempo a política pouco a interessa, a história parece não lhe dizer respeito; sua consciência "social" consiste em uma solidariedade aos princípios dos que defendem uma causa justa. "A partir de 1939, tudo mudou." De repente, a história impõe sua presença brutal, as escolhas políticas deixam de ser palavras vãs, o exercício da literatura assume um caráter de autêntica necessidade. "A literatura aparece quando alguma coisa na vida desanda", observa ainda em *A força da idade*. "A primeira condição para escrever [...] é que a realidade cesse de *ser óbvia*; somente então somos capazes de vê-la e mostrá-la." Essa não é a única evidência que se impõe. Ao mesmo tempo que o círculo de seus conhecidos aumenta, o pensamento de uma "condição" comum às mulheres, da qual elas próprias quase sempre tiram partido à medida que a encarnam, cristaliza-se. "Em diversos aspectos, compreendi o quanto, antes da guerra, eu pecara por abstração [...], eu não me dera conta de que existia uma condição feminina", admitira.

A guerra e o início dos anos 1940 constituem para Simone de Beauvoir um momento capital: marca a passagem de uma preocupação com a liberdade individual para uma tomada de consciência, agora inscrita numa perspectiva coletiva, e precipita um ingresso na literatura em que, entre ensaio filosófico e ficção, vontade de se exprimir e pesquisas formais originais, a companheira de Sartre continua, ao lado dele, a procurar seu caminho. Claro, as primeiras incursões literárias são marcadas antes por tentativas de caráter experimental que por autênticos êxitos. A modéstia da escritora e o senso crítico agudo sempre presentes farão com que, mais tarde, ela julgue com (excessiva) severidade essa primeira fase de sua obra, em que busca, na esteira de Virginia Woolf, mas também dos grandes romancistas norte-americanos, Hemingway, Melville ou Faulkner, descrever o mundo do ponto de vista subjetivo do personagem. A coletânea de contos *Quando o espiritual domina* não encontra editor; o segundo romance, *A convidada*, de caráter filosófico, obtém verdadeiro sucesso em 1943; reflexão de natureza metafísica e política sobre a Resistência Francesa, *O sangue dos outros* triunfa apenas diante da crítica, assim como *Todos os homens são mortais*. Logo depois da guerra, estimulada por Sartre, Simone de Beauvoir arrisca-se no teatro, com *Les Bouches inutiles* [As bocas inúteis], mas a peça é um fracasso. Após dois ensaios, *Pirro e Cineias* e *Por uma moral da ambiguidade*, o relato de sua viagem à América publicado em 1948 é, em contrapartida, muito bem-recebido.

Nesse período, a partir de 1946, Simone de Beauvoir começou a cogitar um livro acerca da "condição feminina", da qual tomou consciência bruscamente e sobre a qual tenciona pronunciar-se, movida por um sentimento de urgência. Universal, a dominação da mulher pelo homem deve ser analisada, criticada, acuada onde se manifesta, pensada sob todas as formas, de todos os pontos de vista. A biologia, a história, a filosofia, o pensamento político, a antropologia são convocados para pôr em xeque essa dominação, ainda mais que seu parentesco com a situação do operário, ou a do negro

A mulher independente

norte-americano, parece evidente — a comparação será constantemente evocada. Nessa perspectiva, trata-se de compreender a situação, depois incitar à mudança; trata-se também de analisar os motivos e as circunstâncias da dependência antes de clamar pela independência. É este o título do último capítulo, que escolhemos reproduzir, e ele não surpreende: *O segundo sexo* é (igualmente) uma bela aula de liberdade ministrada por uma mulher livre, tão livre de corpo e espírito quanto é permitido numa dada época, quanto a autoriza uma consciência engajada num processo de crítica incisiva a respeito de seu tempo.

Há livros que chegam oportunamente: ao mesmo tempo que constituem uma antecipação das ideias contemporâneas, abrem horizontes inéditos; nomeiam o que se acha habitualmente partilhado, mas impõem seu reexame, depois sua superação; seus autores fazem observações precisas, mas também são capazes de criar as ferramentas conceituais que servirão para criticar aquilo por eles constatado. *O segundo sexo* é dessa estirpe. Tudo que acaba de ser evocado na trajetória de Simone de Beauvoir, em seu percurso ao mesmo tempo aleatório e determinado, leva a isso com naturalidade: "[...] querendo falar de mim, constatei que precisava descrever a condição feminina. [...] Tentei colocar em ordem a situação, à primeira vista incoerente, que se ofereceu a mim: sempre o homem se colocava como o Sujeito e considerava a mulher como um objeto, como o Outro. [...] Pus-me a observar as mulheres e fui de surpresa em surpresa. É estranho e estimulante descobrir de repente, aos quarenta anos, um aspecto do mundo que salta aos olhos e que não enxergávamos."

Simone de Beauvoir formula como filósofa a relação que há milênios estrutura a relação entre homem e mulher: o homem vê, a mulher é vista; o homem é sujeito, a mulher é irremediavelmente objeto, *outro*, *segundo*; o homem é cultura, a mulher é natureza, prisioneira de sua condição fisiológica, desse ventre que a curva a seu destino, a maternidade. Ao longo de toda a história, com uma obstinação surpreendente, vozes de mulheres ergueram-se para protestar contra essa condição gerada por sua dominação, mas também para reivindicar direitos civis e políticos. Vendo-se às voltas com as resistências do meio literário, as mulheres escritoras, em particular, preocuparam-se em questionar as relações entre os homens e as mulheres em seus romances, quando não reivindicaram a igualdade em artigos, panfletos e ensaios. Marie de Gournay, Olympe de Gouges, Mme. de Genlis ou George Sand foram algumas delas, apoiadas, por sinal, por um Poullain de la Barre, um Condorcet ou um Saint-Simon. Todavia, não é a história desse protofeminismo que interessa a Simone de Beauvoir, ou ainda o balanço das reivindicações sociais e políticas que marcaram a primeira metade do século XX. A radicalidade de suas afirmações repousa numa convicção de ordem existencialista: a existência precede a essência; nessa perspectiva, não existe "natureza" feminina. Referir-se a alguma "essência" do feminino não faz sentido. Crítica dos discursos existentes (biologia, psicanálise, materialismo histórico), crítica da história, que mostra que "os homens sempre detiveram todos os poderes concretos", crítica das representações literárias (os propagados "mitos" que veiculam imagens contraditórias, as da mãe e da prostituta, da santa e da rameira, da mulher sublime e da mulher maldita), crítica das "idades" da mulher, a começar por sua infância, sua adolescência e sua iniciação sexual, crítica das atitudes adotadas e nas quais ela se aliena (o narcisismo, o amor, o misticismo), apelo enfim à alforria, à independência, acompanhado do anseio de um dia ver reinar não uma igualdade na diferença, álibi fácil, bordão de outras eras, mas uma igualdade verdadeira, ontológica — tudo isso constitui etapas marcantes de um livro absolutamente inusitado, estimulado por um pensamento resolutamente antinaturalista.

A força de O *segundo sexo* consiste em denunciar o caráter sócio-histórico vinculado à noção de "mulher" (desse ponto de vista, anuncia a noção de "gênero", como lembra Françoise Héritier) e impedir qualquer redução desta última a alguma natureza presumível. A originalidade do livro reside em sua ambição de questionar tanto as ciências humanas quanto a literatura, depois em fazer do

A mulher independente

"tornar-se mulher", da infância à velhice, um objeto de reflexão totalmente à parte, numa perspectiva inspirada na fenomenologia. A coragem dessa obra, na qual a autora se compromete *pessoalmente* (o que não deixará de chocar), repousa no fato de não ter hesitado em aplicar às próprias mulheres, "metade vítimas, metade cúmplices", como diz a frase de Sartre que serve de epígrafe ao segundo volume, o olhar crítico antes lançado em outras direções, isto é, denunciar a conivência que as prende, espontaneamente, a quem as domina. É compreensível que *O segundo sexo* tenha desagradado (e muito) tanto aos leitores de direita como aos de esquerda, tanto aos homens como às mulheres. Não resta dúvida, porém, de que, sessenta anos depois, ele carrega as marcas do tempo: esbarra sobretudo nos limites da filosofia, que lhe é subjacente, bem como nos do pensamento político, que o alimenta. Nem por isso seu caráter seminal pode ser subestimado, ou sua influência, absolutamente considerável, negada. Desde sua publicação, *O segundo sexo* foi traduzido para dezenas de línguas; nos Estados Unidos, Betty Friedan fez dele a ponta de lança da luta feminista pela igualdade e pela paridade, acontecendo o mesmo em quase todos os países da Europa, antes da América Latina e da Ásia. Por outro lado, a própria Simone de Beauvoir foi paulatinamente modificando seus pontos de vista, primeiro ao abandonar a ideia de uma revolução puramente política em prol da ideia de uma luta específica das mulheres por melhorias de sua condição (é nisso que ela se tornou feminista, como explicou mais tarde), depois ao criticar suas análises, demasiado materialistas a seu ver, mas sem por isso renegar suas teses primordiais.

O segundo sexo impregnou tão contínua e profundamente o pensamento do feminino e do feminismo a partir de 1949 que, às vezes, ao relê-lo, nos espantamos com as resistências que encontrou. Foi porque as ideias que ele defende passaram aos fatos, porque fervilharam nas mentes, que elas foram, até certo ponto, concretizadas. Por ocasião da morte de Simone de Beauvoir, em 1986, Élisabeth Badinter dedicou-lhe um artigo em *Le Nouvel Observateur*. Intitulado "Françaises, vous lui devez tout!" [Francesas, vocês lhe devem tudo!], lembrava o impacto intelectual de um dos textos mais importantes da segunda metade do século XX. As francesas seguramente devem-lhe muitas coisas, mas não são as únicas: graças a Simone de Beauvoir, a famosa "condição feminina", universalmente partilhada, nunca mais será a mesma.

Nota sobre o texto

Publicado na França pela Gallimard em 1949, *O segundo sexo* compreende dois volumes. Escolhemos reproduzir a introdução do primeiro volume, bem como o capítulo IV, "A mulher independente", e as páginas finais do segundo volume. As notas encontram-se no final do livro; as notas da autora são marcadas por (N. A.), e as notas da editora, por (N. E.).

Introdução

Hesitei muito tempo em escrever um livro sobre a mulher. O tema é irritante, principalmente para as mulheres. E não é novo. A querela do feminismo deu muito o que falar: agora está mais ou menos encerrada. Não toquemos mais nisso. No entanto, ainda se fala dela. E não parece que as volumosas tolices que foram ditas neste último século tenham realmente esclarecido a questão. Ademais, haverá realmente um problema? Em que consiste? Em verdade, haverá mulher? Sem dúvida, a teoria do eterno feminino ainda tem adeptos; cochicham: "Até na Rússia *elas* permanecem mulheres." Mas outras pessoas igualmente bem-informadas — e por vezes as mesmas — suspiram: "A mulher está se perdendo, a mulher está perdida." Não sabemos mais exatamente se ainda existem mulheres, se existirão sempre, se devemos ou não desejar que existam, que lugar ocupam no mundo ou deveriam ocupar. "Onde estão as mulheres?", indagava há pouco uma revista intermitente.[1] Mas antes de mais nada: que é uma mulher? "*Tota mulier in utero*: é uma matriz", diz alguém. Entretanto, falando de certas mulheres, os conhecedores declaram: "Não são mulheres", embora tenham um útero como as outras. Todo mundo concorda que há fêmeas na espécie humana; constituem, hoje, como outrora, mais ou menos a metade da humanidade; e, contudo, dizem-nos que a feminilidade "corre perigo"; e exortam--nos: "Sejam mulheres, permaneçam mulheres, tornem-se mulheres." Todo ser humano do sexo feminino não é, portanto, necessariamente mulher; cumpre-lhe participar dessa realidade misteriosa e ameaçada que é a feminilidade. Será esta secretada pelos ovários? Ou estará congelada no fundo de um céu platônico? E bastará uma saia fru--fru para fazê-la descer à Terra? Embora certas mulheres se esforcem por encarná-lo, o modelo nunca foi registrado. Descreveram-no de bom grado em termos vagos e mirabolantes que parecem tirados de

A mulher independente

empréstimo do vocabulário das videntes. No tempo de santo Tomás, ela se apresentava como uma essência tão precisamente definida quanto a virtude dormitiva da papoula. Mas o conceitualismo perdeu terreno: as ciências biológicas e sociais não acreditam mais na existência de entidades imutavelmente fixadas, que definiriam determinadas características como as da mulher, do judeu ou do negro; consideram o comportamento como uma reação secundária a uma *situação*. Se hoje não há mais feminilidade, é porque nunca houve. Isso significa que a palavra "mulher" não tem nenhum conteúdo? É o que afirmam vigorosamente os partidários da filosofia das luzes, do racionalismo, do nominalismo: as mulheres, entre os seres humanos, seriam apenas os designados arbitrariamente pela palavra "mulher". Os norte-americanos, em particular, pensam que a mulher, como mulher, não existe mais; se uma retardada ainda se imagina mulher, as amigas aconselham-na a procurar um psicanalista para se livrar dessa obsessão. A propósito de uma obra, de resto assaz irritante, intitulada *Modern Woman: The Lost Sex*,[2] Dorothy Parker escreveu: "Não posso ser justa em relação aos livros que tratam da mulher como mulher. [...] Minha ideia é que todos, homens e mulheres, o que quer que sejamos, devemos ser considerados seres humanos." Mas o nominalismo é uma doutrina um tanto limitada; e os antifeministas não têm dificuldade em demonstrar que as mulheres não *são* homens. Sem dúvida, a mulher é, como o homem, um ser humano. Mas tal afirmação é abstrata; o fato é que todo ser humano concreto sempre se situa de um modo singular. Recusar as noções de eterno feminino, alma negra, caráter judeu não é negar que haja hoje judeus, negros e mulheres; a negação não representa para os interessados uma libertação, e sim uma fuga inautêntica. É claro que nenhuma mulher pode pretender sem má-fé situar-se além de seu sexo. Uma escritora conhecida[3] recusou-se a deixar que saísse seu retrato numa série de fotografias consagradas precisamente às mulheres escritoras: queria ser incluída entre os homens, mas para obter esse privilégio utilizou a influência do marido. As mulheres que afirmam que são homens não dispensam, contudo, as delicadezas e as homenagens masculinas.

Simone de Beauvoir

Lembro-me também de uma jovem trotskista em pé num estrado, no meio de um comício violento, que se dispunha a dar socos, apesar de sua evidente fragilidade; negava sua fraqueza feminina, mas era por amor a um militante a quem desejava ser igual. A atitude de desafio dentro da qual se crispam as norte-americanas prova que são dominadas pelo sentimento de sua feminilidade. E, em verdade, basta passear de olhos abertos para comprovar que a humanidade se reparte em duas categorias de indivíduos, cujas roupas, rostos, corpos, sorrisos, atitudes, interesses, ocupações são manifestamente diferentes: talvez essas diferenças sejam superficiais, talvez se destinem a desaparecer. O certo é que, por enquanto, elas existem com uma evidência total.

Se a função da fêmea não basta para definir a mulher, se nos recusamos também explicá-la a pelo "eterno feminino" e se, no entanto, admitimos, ainda que provisoriamente, que há mulheres na Terra, teremos que formular a pergunta: o que é uma mulher?

O próprio enunciado do problema sugere-me uma primeira resposta. É significativo que eu apresente esse problema. Um homem não teria a ideia de escrever um livro sobre a situação singular que ocupam os machos na humanidade.[4] Se quero definir-me, sou obrigada inicialmente a declarar: "Sou uma mulher." Essa verdade constitui o fundo sobre o qual se erguerá qualquer outra afirmação. Um homem não começa nunca por se apresentar como um indivíduo de determinado sexo: que seja homem é evidente. É de maneira formal, nos registros dos cartórios ou nas declarações de identidade, que as rubricas masculino e feminino aparecem como simétricas. A relação dos dois sexos não é a das duas eletricidades, de dois polos. O homem representa a um tempo o positivo e o neutro, a ponto de dizermos "os homens" para designar os seres humanos, tendo-se assimilado ao sentido singular do vocábulo latino *vir* o sentido geral da vocábulo *homo*. A mulher aparece como o negativo, de modo que toda determinação lhe é imputada como limitação, sem reciprocidade. Agastou-me, por vezes, no curso de conversações abstratas, ouvir os homens dizerem a mim: "Você pensa assim porque é uma mulher." Mas eu sabia que minha única defesa era responder: "Penso-o porque é verdadeiro",

A mulher independente

eliminando assim minha subjetividade. Não se tratava, em hipótese alguma, de replicar: "E você pensa o contrário porque é um homem", pois está subentendido que o fato de ser um homem não é uma singularidade; um homem está em seu direito sendo homem, é a mulher que está errada. Praticamente, assim como para os antigos havia uma vertical absoluta em relação à qual se definia a oblíqua, há um tipo humano absoluto que é o tipo masculino. A mulher tem ovários, um útero; eis as condições singulares que a encerram na sua subjetividade; diz-se de bom grado que ela pensa com suas glândulas. O homem esquece soberbamente que sua anatomia também comporta hormônios e testículos. Encara o corpo como uma relação direta e normal com o mundo, que acredita apreender na sua objetividade, ao passo que considera o corpo da mulher sobrecarregado por tudo o que o especifica: um obstáculo, uma prisão. "A fêmea é fêmea em virtude de certa *carência* de qualidades", diz Aristóteles. "Devemos considerar o caráter das mulheres como sofrendo de certa deficiência natural." E santo Tomás, depois dele, decreta que a mulher é um "homem incompleto", um ser "ocasional". É o que simboliza a história do *Gênese*, em que Eva aparece como extraída, segundo Bossuet, de um "osso supranumerário" de Adão. A humanidade é masculina, e o homem define a mulher não em si, mas relativamente a ele; ela não é considerada um ser autônomo. "A mulher, o ser relativo...", diz Michelet. E é por isso que Benda afirma em *Rapport d'Uriel*:[6] "O corpo do homem tem um sentido em si, abstração feita do da mulher, ao passo que este parece destituído de significação se não se evoca o macho. [...] O homem é pensável sem a mulher. Ela não, sem o homem." Ela não é senão o que o homem decide que seja; daí dizer-se o "sexo" para dizer que ela se apresenta diante do macho como um ser sexuado: para ele, a fêmea é sexo, logo ela o é absolutamente. A mulher determina-se e diferencia-se em relação ao homem, e não este em relação a ela; a fêmea é o inessencial perante o essencial. O homem é o Sujeito, o Absoluto; ela é o Outro.[7]

A categoria do *Outro* é tão original quanto a própria consciência. Nas mais primitivas sociedades, nas mais antigas mitologias, encontra-se sempre uma dualidade que é a do Mesmo e a do Outro. A divisão não foi estabelecida inicialmente sob o signo da divisão dos sexos, não depende de nenhum dado empírico: é o que se conclui, entre outros, dos trabalhos de Granet sobre o pensamento chinês,[9] de Dumézil sobre as Índias e Roma.[10] Nos pares Varuna-Mitra, Urano-Zeus, Sol-Lua, Dia-Noite, nenhum elemento feminino se acha implicado a princípio; nem tampouco na oposição entre o Bem e o Mal, dos princípios fastos e nefastos, da direita e da esquerda, de Deus e Lúcifer; a alteridade é uma categoria fundamental do pensamento humano. Nenhuma coletividade se define nunca como Uma sem colocar imediatamente a Outra diante de si. Bastam três viajantes reunidos por acaso num mesmo compartimento para que todos os demais viajantes se tornem "os outros" vagamente hostis. Para os habitantes de uma aldeia, todas as pessoas que não pertencem ao mesmo lugarejo são "outros" e suspeitos; para os habitantes de um país, os habitantes de outro país são considerados "estrangeiros". Os judeus são "outros" para o antissemita; os negros, para os racistas norte-americanos; os indígenas, para os colonos; os proletários, para as classes dos proprietários. Ao fim de um estudo aprofundado das diversas figuras das sociedades primitivas, Lévi-Strauss pôde concluir: "A passagem do estado natural ao estado cultural define-se pela aptidão por parte do homem em pensar as relações biológicas sob a forma de sistemas de oposições: a dualidade, a alternância, a oposição e a simetria, que se apresentam sob formas definidas ou formas vagas, constituem menos fenômenos a serem explicados que os dados fundamentais e imediatos da realidade social."[11] Tais fenômenos não se compreenderiam se a realidade humana fosse exclusivamente um *mitsein*[13] baseado na solidariedade e na amizade. Esclarecem-se, ao contrário, se, segundo Hegel, descobrimos na própria consciência uma hostilidade fundamental em relação a qualquer outra consciência; o sujeito só se põe em se opondo: ele pretende afirmar-se como essencial e fazer do outro o inessencial, o objeto.

Só que a outra consciência lhe opõe uma pretensão recíproca: em viagem, o nativo percebe com espanto que há, nos países vizinhos,

A mulher independente

nativos que o encaram, eles também, como estrangeiro; entre aldeias, clãs, nações, classes, há guerras, *potlatchs*, mercados, tratados, lutas que tiram o sentido absoluto da ideia do *Outro* e descobrem-lhe a relatividade; por bem ou por mal os indivíduos e os grupos são obrigados a reconhecer a reciprocidade de suas relações. Como se entende, então, que entre os sexos essa reciprocidade não tenha sido colocada, que um dos termos se tenha imposto como o único essencial, negando toda relatividade em relação a seu correlativo, definindo este como a alteridade pura? Por que as mulheres não contestam a soberania do macho? Nenhum sujeito se coloca imediata e espontaneamente como o inessencial; não é o Outro que, definindo-se como Outro, define o Um; ele é posto como Outro pelo Um definindo-se como Um. Mas para que o Outro não se transforme no Um é preciso que se sujeite a esse ponto de vista alheio. De onde vem essa submissão na mulher?

Existem outros casos em que, durante um tempo mais ou menos longo, uma categoria conseguiu dominar totalmente a outra. É muitas vezes a desigualdade numérica que confere esse privilégio: a maioria impõe sua lei à minoria ou a persegue. Mas as mulheres não são, como os negros dos Estados Unidos ou os judeus, uma minoria; há tantos homens quantas mulheres na Terra. Não raro, também, os dois grupos em presença foram inicialmente independentes; ignoravam-se antes ou admitiam cada qual a autonomia do outro; e foi um acontecimento histórico que subordinou o mais fraco ao mais forte: a diáspora judaica, a introdução da escravidão na América, as conquistas coloniais são fatos precisos. Nesses casos, para os oprimidos, houve um passo *à frente*: têm em comum um passado, uma tradição, por vezes uma religião, uma cultura. Nesse sentido, a aproximação estabelecida por Bebel entre as mulheres e o proletariado[14] seria mais lógica: os proletários tampouco estão em estado de inferioridade e nunca constituíram uma coletividade separada. Entretanto, na falta de *um* acontecimento, é um desenvolvimento histórico que explica sua existência como classe e mostra a distribuição *desses* indivíduos dentro dessa classe. Nem sempre houve proletários, sempre houve mulheres. Elas são mulheres em virtude de sua estrutura fisiológica;

por mais longe que se remonte na história, sempre estiveram subordinadas ao homem: sua dependência não é consequência de um evento ou de uma evolução, ela não *aconteceu*. É, em parte, porque escapa ao caráter acidental do fato histórico que a alteridade aparece aqui como um absoluto. Uma situação que se criou através dos tempos pode desfazer-se num dado tempo: os negros do Haiti, entre outros, o provaram bem. Parece, ao contrário, que uma condição natural desafia qualquer mudança. Em verdade, a natureza, como a realidade histórica, não é um dado imutável. Se a mulher se enxerga como o inessencial que nunca retorna ao essencial é porque não opera, ela própria, esse retorno. Os proletários dizem "nós". Os negros também. Apresentando-se como sujeitos, eles transformam em "outros" os burgueses, os brancos. As mulheres — salvo em certos congressos que permanecem manifestações abstratas — não dizem "nós". Os homens dizem "as mulheres", e elas usam essas palavras para se designarem a si mesmas, mas não se põem autenticamente como Sujeito. Os proletários fizeram a revolução na Rússia; os negros, no Haiti; os indochineses bateram-se na Indochina: a ação das mulheres nunca passou de uma agitação simbólica; só ganharam o que os homens concordaram em lhes conceder; elas nada tomaram; elas receberam.[15] Isso porque não têm os meios concretos de se reunir em uma unidade que se afirmaria em se opondo. Não têm passado, não têm história nem religião própria; não têm, como os proletários, uma solidariedade de trabalho e interesses; não há sequer entre elas essa promiscuidade espacial que faz dos negros dos Estados Unidos, dos judeus dos guetos, dos operários de Saint-Denis ou das fábricas Renault uma comunidade. Vivem dispersas entre os homens, ligadas pelo hábitat, pelo trabalho, pelos interesses econômicos, pela condição social a certos homens — pai ou marido — mais estreitamente do que a outras mulheres. Burguesas são solidárias dos burgueses e não das mulheres proletárias; brancas, dos homens brancos e não das mulheres pretas. O proletariado poderia propor-se o trucidamento da classe dirigente; um judeu, um negro fanático poderiam sonhar com possuir o segredo da bomba atômica e constituir uma humanidade

A mulher independente

inteiramente judaica ou inteiramente negra, mas, mesmo em sonho, a mulher não pode exterminar os homens. O laço que a une a seus opressores não é comparável a nenhum outro. A divisão dos sexos é, com efeito, um dado biológico, e não um momento da história humana. É no seio de um *mitsein* original que sua oposição se formou, e ela não a destruiu. O casal é uma unidade fundamental cujas metades se acham indissoluvelmente presas uma à outra: nenhum corte por sexos é possível na sociedade. Isso é o que caracteriza fundamentalmente a mulher: ela é o Outro dentro de uma totalidade cujos dois termos são necessários um ao outro.

Poder-se-ia imaginar que essa reciprocidade teria facilitado a libertação; quando Hércules fia a lã aos pés de Ônfale, o desejo amarra-o: por que Ônfale não conseguiu adquirir um poder durável? Para vingar-se de Jasão, Medeia mata os filhos: essa lenda selvagem sugere que, do laço que a liga à criança, a mulher teria podido tirar uma ascendência temível. Aristófanes imaginou complacentemente, em *Lisístrata*, uma assembleia de mulheres em que estas tentam explorar em comum, e para fins sociais, a necessidade que os homens têm delas, mas se trata apenas de uma comédia. A lenda que afirma que as sabinas raptadas opuseram a seus raptores uma esterilidade obstinada conta também que, fustigando-as com chicotes de couro, os homens quebraram magicamente essa resistência. A necessidade biológica — desejo sexual e desejo de posteridade — que coloca o macho sob a dependência da fêmea não libertou socialmente a mulher. O senhor e o escravo estão unidos por uma necessidade econômica recíproca que não liberta o escravo. É que, na relação do senhor com o escravo, o primeiro não *expõe* a necessidade que tem do outro; ele detém o poder de satisfazer essa necessidade e não a mediatiza; ao contrário, o escravo, na dependência, esperança ou medo, interioriza a necessidade que tem do senhor; a urgência da necessidade, ainda que igual em ambos, sempre favorece o opressor contra o oprimido: é o que explica que a libertação da classe proletária, por exemplo, tenha sido tão lenta. Ora, a mulher sempre foi, senão a escrava do homem, ao menos sua vassala; os dois sexos nunca partilharam o mundo em igualdade de condições; e, ainda hoje, embora sua condição esteja evoluindo, a mulher arca com um pesado *handicap*. Em quase nenhum país seu estatuto legal é idêntico ao do homem, e muitas vezes este último a prejudica consideravelmente. Mesmo quando os direitos lhe são abstratamente reconhecidos, um longo hábito impede que encontrem nos costumes sua expressão concreta. Economicamente, homens e mulheres constituem como que duas castas; em igualdade de condições, os primeiros têm situações mais vantajosas, salários mais altos, maiores possibilidades de êxito que suas concorrentes recém--chegadas. Ocupam, na indústria, na política etc., maior número de lugares e os postos mais importantes. Além dos poderes concretos que possuem, revestem-se de um prestígio cuja tradição a educação da criança mantém: o presente envolve o passado, e no passado toda a história foi feita pelos homens. No momento em que as mulheres começam a tomar parte na elaboração do mundo, esse mundo é ainda um mundo que pertence aos homens. Eles bem o sabem, elas mal duvidam. Recusar ser o Outro, recusar a cumplicidade com o homem, seria para elas renunciar a todas as vantagens que a aliança com a casta superior pode lhes conferir. O homem suserano protegerá materialmente a mulher vassala e se encarregará de lhe justificar a existência: com o risco econômico, ela esquiva o risco metafísico de uma liberdade que deve inventar seus fins sem auxílios. Efetivamente, ao lado da pretensão de todo indivíduo de se afirmar como sujeito, que é uma pretensão ética, há também a tentação de fugir de sua liberdade e de constituir-se em coisa. É um caminho nefasto porque passivo, alienado, perdido, e então esse indivíduo é presa de vontades estranhas, cortado de sua transcendência, frustrado de todo valor. Mas é um caminho fácil: evitam-se com ele a angústia e a tensão da existência autenticamente assumida. O homem que constitui a mulher como um *Outro* encontrará nela profundas cumplicidades. Assim, a mulher não se reivindica como sujeito porque não possui os meios concretos para tanto, porque sente o laço necessário que a prende ao homem sem reclamar a reciprocidade dele, e porque, muitas vezes, se compraz no seu papel de *Outro*.

A mulher independente

Mas uma questão imediatamente se apresenta: como tudo isso começou? Compreende-se que a dualidade dos sexos, como toda dualidade, tenha sido traduzida por um conflito. Compreende-se que, se um dos dois conseguisse impor sua superioridade, esta deveria estabelecer-se como absoluta. Resta explicar por que o homem venceu desde o início. Parece que as mulheres deveriam ter sido vitoriosas. Ou a luta poderia nunca ter tido solução. Por que este mundo sempre pertenceu aos homens e só hoje as coisas começam a mudar? Será um bem essa mudança? Trará ou não uma partilha igual do mundo entre homens e mulheres?

Essas questões estão longe de ser novas; já lhes foram dadas numerosas respostas, mas o simples fato de ser a mulher o *Outro* contesta todas as justificações que os homens lhe puderam dar: eram-lhes evidentemente ditadas pelo interesse. "Tudo o que os homens escreveram sobre as mulheres deve ser suspeito, porque eles são, a um tempo, juiz e parte", escreveu, no século XVII, Poullain de la Barre,[16] feminista pouco conhecido. Em toda parte e em qualquer época, os homens exibiram a satisfação que tiveram de se sentirem os reis da criação. "Bendito seja Deus nosso Senhor e o Senhor de todos os mundos por não me ter feito mulher", dizem os judeus nas suas preces matinais, enquanto suas esposas murmuram com resignação: "Bendito seja o Senhor que me criou segundo a sua vontade." Entre as mercês que Platão agradecia aos deuses, a maior se lhe afigurava o fato de ter sido criado livre e não escravo e, a seguir, o de ser homem e não mulher. Mas os homens não poderiam gozar plenamente esse privilégio, se não o houvessem considerado alicerçado no absoluto e na eternidade: de sua supremacia procuraram fazer um direito. "Os que fizeram e compilaram as leis, por serem homens, favoreceram seu próprio sexo, e os jurisconsultos transformaram as leis em princípios", diz ainda Poullain de la Barre. Legisladores, sacerdotes, filósofos, escritores e sábios empenharam-se em demonstrar que a condição subordinada da mulher era desejada no céu e proveitosa à Terra. As religiões forjadas pelos homens refletem essa vontade de domínio: buscaram argumentos nas lendas de Eva, de Pandora, puseram a filosofia e a teologia a serviço de seus desígnios, como vimos pelas frases citadas de Aristóteles e santo Tomás. Desde a Antiguidade, moralistas e satíricos deleitaram-se com pintar o quadro das fraquezas femininas. Conhecem-se os violentos requisitórios que contra elas se escreveram através de toda a literatura francesa: Montherlant[17] reata, com menor brilho, a tradição de Jean de Meung. Essa hostilidade parece, algumas vezes, justificável, mas na maior parte dos casos é gratuita. Na realidade, recobre uma vontade de autojustificação mais ou menos habilmente mascarada. "É mais fácil acusar um sexo do que desculpar o outro", diz Montaigne.[18] Em certos casos, o processo é evidente. É impressionante, por exemplo, que o código romano, a fim de restringir os direitos das mulheres, invoque "a imbecilidade, a fragilidade do sexo" no momento em que, pelo enfraquecimento da família, ela se torna um perigo para os herdeiros masculinos. É impressionante que no século XVI, a fim de manter a mulher casada sob tutela, apele-se para a autoridade de santo Agostinho, declarando que "a mulher é um animal que não é nem firme nem estável", enquanto à celibatária se reconhece o direito de gerir seus bens. Montaigne compreendeu muito bem a arbitrariedade e a injustiça do destino imposto à mulher: "Não carecem de razão as mulheres quando recusam as regras que se introduziram no mundo, tanto mais quando foram os homens que as fizeram sem elas. Há, naturalmente, desentendimentos e disputas entre elas e nós";[19] mas ele não chega a defendê-las verdadeiramente. É somente no século XVIII que homens profundamente democratas encaram a questão com objetividade. Diderot,[20] entre outros, esforça-se por demonstrar que a mulher é, como o homem, um ser humano. Um pouco mais tarde, Stuart Mill[21] defende-a com ardor. Mas esses filósofos são de uma imparcialidade excepcional. No século XIX, a querela do feminismo[22] torna-se novamente uma querela de sectários; uma das consequências da Revolução Industrial é a participação da mulher no trabalho produtor: nesse momento, as reivindicações feministas saem do terreno teórico e encontram fundamentos econômicos; seus adversários fazem-se mais agressivos. Embora os bens de raiz se achem em parte abalados, a burguesia apega-se à velha

A mulher independente

moral que vê, na solidez da família, a garantia da propriedade privada: exige a presença da mulher no lar tanto mais vigorosamente quanto sua emancipação se torna uma verdadeira ameaça; mesmo dentro da classe operária, os homens tentaram frear essa libertação, porque as mulheres são encaradas como perigosas concorrentes, habituadas que estavam a trabalhar por salários mais baixos.[23] A fim de provar a inferioridade da mulher, os antifeministas apelaram não somente para a religião, a filosofia e a teologia, como no passado, mas ainda para a ciência: biologia, psicologia experimental etc. Quando muito, consentia-se em conceder ao *outro* sexo "a igualdade dentro da diferença". Essa fórmula, que fez fortuna, é muito significativa: é exatamente a que utilizam em relação aos negros dos Estados Unidos as leis Jim Crow;[24] ora, essa segregação, pretensamente igualitária, só serviu para introduzir as mais extremas discriminações. Esse encontro nada tem de ocasional: quer se trate de uma raça, de uma casta, de uma classe, de um sexo reduzidos a uma condição inferior, o processo de justificação é o mesmo. O "eterno feminino" é o homólogo da "alma negra" e do "caráter judeu". O problema judaico[25] é, de resto, em conjunto, muito diferente dos dois outros: o judeu para o antissemita é menos um inferior do que um inimigo, e não se lhe reconhece neste mundo nenhum lugar próprio: o que se deseja é aniquilá-lo. Mas há profundas analogias entre a situação das mulheres e a dos negros: umas e outros emancipam-se hoje de um mesmo paternalismo, e a casta anteriormente dominadora quer mantê-los "em seu lugar", isto é, no lugar que escolheu para eles; em ambos os casos, ela se expande em elogios mais ou menos sinceros às virtudes do "bom negro", de alma inconsciente, infantil e alegre, do negro resignado, da mulher "realmente mulher", isto é, frívola, pueril, irresponsável, submetida ao homem. Em ambos os casos, tira seus argumentos do estado de fato que ela criou. Conhece-se o dito de Bernard Shaw:[26] "O norte-americano branco relega o negro ao nível do engraxate; e conclui daí que ele só pode servir para engraxar sapatos." Encontra-se esse círculo vicioso em todas as circunstâncias análogas: quando um indivíduo ou um grupo de indivíduos é mantido numa situação de inferioridade, ele *é* de fato inferior; mas é sobre o alcance da palavra *ser* que precisamos nos entender. A má-fé consiste em dar-lhe um valor substancial quando tem o sentido dinâmico hegeliano: *ser* é ter-se tornado, é ter sido feito tal qual se manifesta. Sim, as mulheres, em seu conjunto, *são* hoje inferiores aos homens, isto é, sua situação lhes oferece possibilidades menores: o problema consiste em saber se esse estado de coisas deve se perpetuar.

Muitos homens o desejam: nem todos se desarmaram ainda. A burguesia conservadora continua a ver na emancipação da mulher um perigo que lhe ameaça a moral e os interesses. Certos homens temem a concorrência feminina. No *Hebdo-Latin*[27] um estudante declarava há dias: "Toda estudante que consegue uma posição de médico ou de advogado *rouba-nos* um lugar." Esse rapaz não duvidava, um só instante, de seus próprios direitos sobre o mundo. Não são somente os interesses econômicos que importam. Um dos benefícios que a opressão assegura aos opressores é de o mais humilde destes se sentir superior: um "pobre branco" do sul dos Estados Unidos tem o consolo de dizer que não é "um negro imundo", e os brancos mais ricos exploram habilmente esse orgulho. Assim também, o mais medíocre dos homens julga-se um semideus diante das mulheres. Era muito mais fácil a Montherlant julgar-se um herói quando se confrontava com mulheres (escolhidas, de resto, a dedo) do que quando teve de desempenhar seu papel de homem entre os homens: papel que muitas mulheres desempenharam melhor do que ele. É assim que, em setembro de 1948, em um de seus artigos do *Figaro Littéraire*, o sr. Claude Mauriac — cuja forte originalidade todos admiram — pôde escrever a respeito das mulheres:[28] "*Nós* ouvimos numa atitude (*sic!*) de indiferença cortês [...] a mais brilhante entre elas, sabendo muito bem que seu espírito reflete, de maneira mais ou menos brilhante, ideias que vêm de *nós*." Não são evidentemente as ideias do próprio sr. Mauriac[29] que sua interlocutora reflete, dado que ele não tem nenhuma; que ela reflita ideias que vêm dos homens é possível: entre os homens, mais de um considera suas muitas opiniões que não inventou; pode-se indagar se o sr. Mauriac não teria interesse

A mulher independente

em entreter-se com um bom reflexo de Descartes, de Marx, de Gide, de preferência a entreter-se consigo próprio. O que é notável é que, mediante o equívoco do *nós*, identifica-se ele com são Paulo, Hegel, Lenin, Nietzsche, e, do alto da grandeza deles, considera com desdém o rebanho de mulheres que ousam falar-lhe em pé de igualdade. Para dizer a verdade, conheço muitas que não teriam a paciência de conceder ao sr. Mauriac "uma atitude de indiferença cortês".

Insisti nesse exemplo porque nele a ingenuidade masculina é desarmante. Há muitas outras maneiras mais sutis mediante as quais os homens tiram proveito da alteridade da mulher. Para todos os que sofrem de complexo de inferioridade, há nisso um linimento milagroso: ninguém é mais arrogante em relação às mulheres, mais agressivo ou desdenhoso do que o homem que duvida de sua virilidade. Os que não se intimidam com seus semelhantes mostram-se também muito mais dispostos a reconhecer na mulher um semelhante. Mesmo a esses, entretanto, o mito da Mulher, o Outro, é caro por muitas razões;[30] não há como os censurar por não sacrificarem de bom grado todas as vantagens que tiram disso; sabem o que perdem, renunciando à mulher tal qual a sonham, ignoram o que lhe trará a mulher tal qual ela será amanhã. É preciso muita abnegação para se recusar a apresentar-se como o Sujeito único e absoluto. Aliás, a maioria dos homens não assume explicitamente essa pretensão. Eles não *colocam* a mulher como uma inferior; estão hoje demasiadamente compenetrados do ideal democrático para não reconhecer todos os seres humanos como iguais. No seio da família, a mulher apresenta-se à criança e ao jovem revestida da mesma dignidade social dos adultos masculinos; mais tarde, ele sente no desejo e no amor a resistência, a independência, da mulher desejada e amada; casado, ele respeita na mulher a esposa, a mãe, e na experiência concreta da vida conjugal ela se afirma diante dele como uma liberdade. O homem pode, pois, persuadir-se de que não existe mais hierarquia social entre os sexos e de que, *grosso modo*, através das diferenças, a mulher é sua igual. Como observa, entretanto, algumas inferioridades — das quais a mais importante é a incapacidade profissional —, ele as atribui à natureza. Quando tem para com a mulher uma atitude de colaboração e benevolência, ele tematiza o princípio da igualdade abstrata; e a desigualdade concreta que verifica, ele não a *expõe*. Mas, logo que entra em conflito com a mulher, a situação se inverte: ele tematiza a desigualdade concreta e dela tira autoridade para negar a igualdade abstrata.[32] Assim é que muitos homens afirmam quase com boa-fé que as mulheres *são* iguais aos homens e nada têm a reivindicar, e, *ao mesmo tempo*, que as mulheres nunca poderão ser iguais aos homens e que suas reivindicações são vãs. É que é difícil para o homem medir a extrema importância de discriminações sociais que parecem insignificantes de fora e cujas repercussões morais e intelectuais são tão profundas na mulher que podem parecer ter suas raízes numa natureza original.[33] Mesmo o homem mais simpático à mulher nunca lhe conhece bem a situação concreta. Por isso não há como acreditar nos homens quando se esforçam por defender privilégios cujo alcance não medem. Não nos deixaremos, portanto, intimidar pelo número e pela violência dos ataques dirigidos contra a mulher, nem nos impressionar com os elogios interesseiros que se fazem à "verdadeira mulher", nem nos contaminar pelo entusiasmo que seu destino suscita entre os homens que por nada no mundo desejariam compartilhá-lo.

Entretanto, não devemos ponderar com menos desconfiança os argumentos dos feministas: muitas vezes, a preocupação polêmica tira-lhes todo valor. Se a "questão feminina" é tão absurda é porque a arrogância masculina fez dela uma "querela", e quando as pessoas querelam não raciocinam bem. O que se procurou infatigavelmente provar foi que a mulher é superior, inferior ou igual ao homem. Criada depois de Adão, é evidentemente um ser secundário, dizem uns; ao contrário, dizem outros, Adão era apenas um esboço, e Deus alcançou a perfeição do ser humano quando criou Eva; seu cérebro é o menor, mas é relativamente o maior; e se Cristo se fez homem foi possivelmente por humildade. Cada argumento sugere imediatamente seu contrário, e, não raro, ambos são falhos. Se quisermos ver com clareza, devemos sair desses trilhos; precisamos recusar as noções vagas de superioridade, inferioridade e igualdade que desvirtuaram todas as discussões e reiniciar do começo.

A mulher independente

Como poremos então a questão? E, antes de mais nada, quem somos nós para apresentá-la? Os homens são parte e juiz; as mulheres também. Onde encontrar um anjo? Em verdade, um anjo seria mal--indicado para falar, ignoraria todos os dados do problema; quanto ao hermafrodita, é um caso demasiado singular: não é homem e mulher ao mesmo tempo, mas, antes, nem homem nem mulher. Creio que para elucidar a situação da mulher são ainda certas mulheres as mais indicadas. É um sofisma encerrar Epimênides no conceito de cretense e os cretenses no de mentiroso: não é uma essência misteriosa que determina a boa ou a má-fé nos homens e nas mulheres; é a situação deles que os predispõe mais ou menos à procura da verdade. Muitas mulheres de hoje, que tiveram a sorte de ver-lhes restituídos todos os privilégios do ser humano, podem dar-se ao luxo da imparcialidade; sentimos até a necessidade desse luxo. Não somos mais como nossas predecessoras: combatentes.[34] De maneira global ganhamos a partida. Nas últimas discussões acerca do estatuto da mulher, a ONU não cessou de exigir que a igualdade dos sexos se realizasse completamente, e muitas de nós já não veem em sua feminilidade um embaraço ou um obstáculo; muitos outros problemas nos parecem mais essenciais do que os que nos dizem particularmente respeito; e esse próprio desinteresse permite-nos esperar que nossa atitude seja objetiva. Entretanto, conhecemos mais intimamente do que os homens o mundo feminino, porque nele temos nossas raízes; apreendemos mais imediatamente o que significa para um ser humano o fato de pertencer ao sexo feminino e preocupamo-nos mais com o saber. Disse que havia problemas mais essenciais, o que não impede que esse conserve a nossos olhos alguma importância: em que o fato de sermos mulheres terá afetado a nossa vida? Que possibilidades nos foram oferecidas, exatamente, e quais nos foram recusadas? Que destino podem esperar nossas irmãs mais jovens e em que sentido convém orientá-las? É impressionante que em seu conjunto a literatura feminina seja menos animada em nossos dias por uma vontade de reivindicação do que por um esforço de lucidez; ao sair de uma era de polêmicas desordenadas, este livro é uma tentativa, entre outras, de verificar em que pé se encontra a questão.

Mas talvez seja impossível tratar qualquer problema humano sem preconceito: a própria maneira de abordar as questões, as perspectivas adotadas pressupõem uma hierarquia de interesses: toda qualidade envolve valores. Não há descrição, dita objetiva, que não se erga sobre um fundo ético. Em vez de tentar dissimular os princípios que se subentendem mais ou menos explicitamente, cumpre examiná-los. Desse modo, não somos obrigadas a precisar em cada página que sentido se dá às palavras superior, inferior, melhor, pior, progresso, retrocesso etc. Se passamos em revista algumas dessas obras consagradas à mulher, vemos que um dos pontos de vista mais comumente adotados é o do bem público, do interesse geral; em verdade, cada um entende, com isso, o interesse da sociedade tal qual deseja manter ou estabelecer. Quanto a nós, estimamos que não há outro bem público senão o que assegura o bem individual dos cidadãos. É do ponto de vista das oportunidades concretas dadas aos indivíduos que julgamos as instituições. Mas não confundimos tampouco a ideia de interesse privado com a de felicidade, ponto de vista que se encontra frequentemente. As mulheres de harém não são mais felizes do que uma eleitora? Não é a dona de casa mais feliz do que a operária? Não se sabe muito precisamente o que significa a palavra felicidade, nem que valores autênticos ela envolve. Não há nenhuma possibilidade de medir a felicidade de outrem, e é sempre fácil declarar feliz a situação que se lhe quer impor. Os que condenamos à estagnação, nós os declaramos felizes sob o pretexto de que a felicidade é a imobilidade. É, portanto, uma noção a que não nos referimos. A perspectiva que adotamos é a da moral existencialista. Todo sujeito coloca-se concretamente por meio de projetos como uma transcendência; só alcança sua liberdade pela sua constante superação em vista de outras liberdades; não há outra justificação da existência presente senão sua expansão para um futuro indefinidamente aberto. Cada vez que a transcendência cai na imanência, há degradação da existência "em si", da liberdade em facticidade; essa queda é uma falha moral, se consentida pelo sujeito. Se lhe é infligida, assume o aspecto de frustração ou opressão. Em ambos os casos, é um mal absoluto. Todo indivíduo que se preocupa

A mulher independente

em justificar sua existência sente-a como uma necessidade indefinida de se transcender. Ora, o que define de maneira singular a situação da mulher é que, sendo, como todo ser humano, uma liberdade autônoma, descobre-se e escolhe-se num mundo em que os homens lhe impõem a condição do Outro. Pretende-se torná-la objeto, votá-la à imanência, porquanto sua transcendência será perpetuamente transcendida por outra consciência essencial e soberana. O drama da mulher é esse conflito entre a reivindicação fundamental de todo sujeito que se põe sempre como o essencial e as exigências de uma situação que a constitui como inessencial. Como pode realizar-se um ser humano dentro da condição feminina? Que caminhos lhe são abertos? Quais conduzem a um beco sem saída? Como encontrar a independência no seio da dependência? Que circunstâncias restringem a liberdade da mulher, e quais pode ela superar? São essas algumas questões fundamentais que desejaríamos elucidar. Isso quer dizer que, interessando-nos pelas oportunidades dos indivíduos, não as definiremos em termos de felicidade, e sim em termos de liberdade.

É evidente que esse problema não teria nenhum sentido se supuséssemos que pesa sobre a mulher um destino fisiológico, psicológico ou econômico. Por isso, começaremos por discutir os pontos de vista da biologia, da psicanálise e do materialismo histórico acerca da mulher. Tentaremos mostrar, em seguida, positivamente, como "a realidade feminina" constituiu-se, por que a mulher foi definida como o Outro e quais foram as consequências do ponto de vista masculino. Descreveremos então, do ponto de vista das mulheres, o mundo que lhes é proposto;[35] e poderemos compreender contra que dificuldades se chocam no momento em que, procurando evadir-se da esfera que lhes foi assinalada até o presente, elas pretendem participar do *mitsein* humano.

A mulher independente

O código francês não mais inclui a obediência entre os deveres da esposa, e toda cidadã tornou-se eleitora;[1] essas liberdades cívicas permanecem abstratas quando não se acompanham de uma autonomia econômica. A mulher sustentada — esposa ou cortesã — não se liberta do homem por ter na mão uma cédula de voto; se os costumes lhe impõem menos obrigações do que outrora, as licenças negativas não lhe modificaram profundamente a situação; ela continua confinada em sua condição de vassala. Foi pelo trabalho que a mulher cobriu em grande parte a distância que a separava do homem; só o trabalho pode assegurar-lhe uma liberdade concreta. Desde que ela deixa de ser uma parasita, o sistema baseado em sua dependência desmorona; entre o universo e ela não há mais necessidade de um mediador masculino. A maldição que pesa sobre a mulher vassala reside no fato de que não lhe é permitido fazer o que quer que seja: ela se obstina então na impossível procura do ser através do narcisismo, do amor, da religião;[2] produtora, ativa, ela reconquista sua transcendência; em seus projetos, afirma-se concretamente como sujeito; por sua relação com o fim a que visa, com o dinheiro e os direitos de que se apropria, põe à prova sua responsabilidade. Muitas mulheres têm consciência de tais vantagens, mesmo entre as que exercem os mais modestos ofícios. Ouvi uma mulher que lavava o piso de um saguão de hotel declarar: "Nunca pedi nada a ninguém. Venci sozinha." Mostrava-se tão orgulhosa quanto um Rockefeller, por se bastar a si mesma. Não se deve, entretanto, acreditar que a simples justaposição do direito de voto a um ofício constitua uma perfeita libertação: hoje o trabalho não é a liberdade. Somente em um mundo socialista a mulher, atingindo o trabalho, conseguiria a liberdade. Em sua maioria, os trabalhadores são hoje explorados. Por outro lado, a estrutura social não foi profundamente modificada pela evolução da

A mulher independente

condição feminina; este mundo, que sempre pertenceu aos homens, conserva ainda a forma que eles lhe imprimiram. É preciso não perder de vista esses fatos, dos quais a questão do trabalho feminino tira sua complexidade. Uma senhora importante e bem pensante fez recentemente uma pesquisa entre as operárias das fábricas Renault; afirma que estas prefeririam ficar em casa a trabalhar na fábrica. Provavelmente, pois elas só conseguem a independência econômica no meio de uma classe economicamente oprimida; e, por outro lado, as tarefas realizadas na fábrica não as dispensam dos cuidados do lar.[3] Se lhes tivessem proposto a escolha entre quarenta horas de trabalho semanal na fábrica *ou* em casa, teriam sem dúvida dado outras respostas; e talvez mesmo aceitassem alegremente a acumulação, se, como operárias, se integrassem em um mundo que fosse seu mundo, de cuja elaboração participassem com alegria e orgulho. Atualmente, sem falar das camponesas,[4] em sua maioria as mulheres que trabalham não se evadem do mundo feminino tradicional; não recebem da sociedade, nem do marido, a ajuda que lhes seria necessária para se tornarem concretamente iguais aos homens. Somente as que têm um credo político, as que militam nos sindicatos, as que confiam no futuro podem dar um sentido ético às ingratas fadigas cotidianas; mas, privadas de lazeres, herdeiras de uma tradição de submissão, é natural que as mulheres comecem somente a desenvolver um sentido político e social. É natural que, não recebendo em troca de seu trabalho os benefícios morais e sociais com que teriam direito de contar, lhe suportem sem entusiasmo os constrangimentos. Compreende-se também que a *midinette*, a empregada, a secretária não queiram renunciar às vantagens de um apoio masculino. Já disse que a existência de uma casta privilegiada, a que é permitido agregar-se apenas entregando o corpo, é para a jovem mulher uma tentação quase irresistível; ela se entrega às galanterias pelo fato de serem mínimos seus salários, enquanto o padrão de vida que a sociedade exige dela é muito elevado; se se contenta com o que ganha, será apenas um pária: mal-instalada, malvestida, todas as distrações e o próprio amor lhe serão recusados. As pessoas virtuosas pregam-lhe o ascetismo; na verdade, seu regime alimentar é muitas vezes tão austero quanto o de uma carmelita; só que nem todo mundo pode ter Deus como amante: é preciso que ela agrade aos homens para vencer em sua vida de mulher. Ela se fará ajudar, portanto; é com isso que conta cinicamente o empregador que lhe concede um salário de fome. Em alguns casos, essa ajuda lhe permitirá melhorar sua situação e conquistar uma independência verdadeira; por vezes, ao contrário, ela abandonará seu ofício para ser sustentada. Muitas vezes acumula: liberta-se do amante pelo trabalho e evade-se do trabalho graças ao amante; mas também conhece a dupla servidão de um ofício e de uma proteção masculina. Para a mulher casada, o salário geralmente representa apenas um complemento; para a mulher "que é ajudada", é o auxílio masculino que se apresenta como o inessencial, mas nem uma nem outra adquirem, com seu esforço pessoal, uma independência total.

Entretanto, existe hoje um número bem grande de privilegiadas que encontram em sua profissão uma autonomia econômica e social. São elas que pomos em questão quando indagamos das possibilidades da mulher e de seu futuro. Eis por que, embora constituam ainda apenas uma minoria, é particularmente interessante estudar de perto sua situação; é a propósito delas que os debates entre feministas e antifeministas se prolongam. Estes afirmam que as mulheres emancipadas de hoje nada de importante conseguem no mundo e que, por outro lado, têm dificuldade em encontrar seu equilíbrio interior. Aqueles exageram os resultados que elas obtêm e não querem enxergar o desatino delas. Em verdade, nada autoriza a dizer que seguem um caminho errado, e, no entanto, é certo que não se acham tranquilamente instaladas em sua nova condição: não passaram ainda da metade do caminho. A mulher que se liberta economicamente do homem nem por isso alcança uma situação moral, social e psicológica idêntica à dele. A maneira por que se empenha em sua profissão e a ela se dedica depende do contexto constituído pela forma global de sua vida. Ora, quando inicia sua vida de adulto, ela não tem atrás de si o mesmo passado de um rapaz; não é considerada de maneira idêntica pela sociedade; o universo apresenta-se a ela dentro de uma

A mulher independente

perspectiva diferente. O fato de ser uma mulher coloca hoje problemas singulares perante um ser humano autônomo.

———✦———

O privilégio que o homem tem, e que se faz sentir desde sua infância, está em que sua vocação de ser humano não contraria seu destino de macho. Da assimilação do falo e da transcendência, resulta que seus êxitos sociais ou espirituais lhe dão um prestígio viril. Ele não se divide. Ao passo que à mulher, para que realize sua feminilidade, pede-se que se faça objeto e presa, isto é, que renuncie a suas reivindicações de sujeito soberano. É esse conflito que caracteriza singularmente a situação da mulher libertada. Ela se recusa a confinar-se em seu papel de fêmea porque não quer mutilar-se, mas repudiar o sexo seria também uma mutilação. O homem é um ser humano sexuado: a mulher só é um indivíduo completo e igual ao homem se for também um ser sexuado. Renunciar a sua feminilidade é renunciar a uma parte de sua humanidade. Os misóginos criticaram muitas vezes as mulheres de ação por "se negligenciarem", mas também lhes pregaram que se quisessem ser iguais a eles deveriam deixar de se maquiar e de pintar as unhas. Este último conselho é absurdo. A ideia de feminilidade impõe-se de fora a toda mulher, precisamente porque se define artificialmente pelos costumes e pelas modas; ela pode evoluir de maneira que os cânones se aproximem dos que adotam os homens: nas praias, as calças compridas tornaram-se femininas. Isso não modifica em nada o fundo da questão: o indivíduo não tem liberdade de moldá-la à vontade. A mulher que não se conforma com isso desvaloriza-se sexualmente e, por conseguinte, socialmente, porquanto a sociedade integrou os valores sexuais. Recusando atributos femininos, não se adquirem atributos viris; mesmo a travestida não consegue fazer-se homem; é uma travestida. Vimos[6] que a homossexualidade constitui, ela também, uma especificação: a neutralidade é impossível. Não há nenhuma atitude negativa que não implique uma contrapartida positiva. A adolescente acredita muitas vezes que pode simplesmente desprezar as convenções, mas exatamente com isso ela se manifesta, cria uma situação nova, acarretando consequências que terá de assumir.[7] A partir do momento em que se livra de um código estabelecido, o indivíduo torna-se um revoltado. Uma mulher que se veste de maneira extravagante mente quando afirma com um ar de simplicidade que obedece a seu bel-prazer, nada mais: sabe perfeitamente que isso é uma extravagância. Inversamente, quem não almeja mostrar-se excêntrica conforma-se com as regras comuns. É um cálculo errado escolher o desafio, a menos que represente uma ação positivamente eficaz; consomem-se com isso mais tempo e forças do que se poupam. Uma mulher que não deseja escandalizar, que não quer se desvalorizar socialmente, deve viver como mulher sua condição de mulher: frequentemente, seu próprio êxito profissional o exige. Mas, enquanto o conformismo é para o homem muito natural — o costume tendo sido estruturado de acordo com suas necessidades de indivíduo autônomo e ativo —, será necessário que a mulher, que é também sujeito, atividade, se dissolva em um mundo que a destinou à passividade. É uma servidão ainda mais pesada porque as mulheres, confinadas na esfera feminina, lhe hipertrofiaram a importância: transformaram em artes difíceis a toalete e os cuidados caseiros. O homem quase não precisa se preocupar com suas roupas: são cômodas, adaptadas à sua vida ativa, não é necessário que sejam requintadas; mal fazem parte de sua personalidade; além disso, ninguém espera que delas trate pessoalmente: qualquer mulher benevolente ou remunerada se encarrega desse cuidado. A mulher, ao contrário, sabe que quando a olham não a distinguem de sua aparência: ela é julgada, respeitada, desejada através de sua toalete. Suas vestimentas foram primitivamente destinadas a confiná-la na impotência e permaneceram frágeis: as meias rasgam-se, os saltos acalcanham-se, as blusas e os vestidos claros sujam-se, as pregas desfazem-se; entretanto, ela mesma deverá reparar a maior parte dos acidentes; suas semelhantes não a auxiliarão benevolamente, e ela terá escrúpulos em sobrecarregar seu orçamento com trabalhos que ela mesma *pode* executar; as permanentes, as ondulações, a pintura, os vestidos novos

A mulher independente

já custam bastante caro. Quando a estudante, a secretária voltam para casa à noite, têm sempre uma meia para cerzir, uma blusa para lavar, uma saia para passar. A mulher que ganha muito bem a vida se poupará de tais tarefas aborrecidas, mas estará obrigada a uma elegância mais complicada, perderá tempo em compras, provas etc. A tradição impõe também à mulher, mesmo solteira, certo cuidado com seu lar; um funcionário nomeado para uma nova cidade vive facilmente no hotel; sua colega procurará instalar-se num "cantinho próprio", do qual deverá cuidar com escrúpulo, pois não lhe perdoariam uma negligência que achariam natural na residência de um homem. Não é, aliás, somente a preocupação com a opinião pública que a incita a dedicar tempo e cuidados à beleza, ao lar. Ela deseja continuar uma verdadeira mulher para sua própria satisfação. Só consegue aprovar-se através do presente e do passado, acumulando a vida que fez para si com o destino que sua mãe, que seus jogos infantis e seus fantasmas de adolescente lhe prepararam. Alimenta sonhos narcisistas; ao orgulho fálico do homem continua a opor o culto de sua própria imagem; quer exibir-se, encantar. Mãe, parentes e amigas mais velhas insuflaram-lhe o gosto pelo ninho: a forma primitiva de seus sonhos de independência foi um lar próprio; não pensa em renegá-los, mesmo tendo encontrado a liberdade por outros caminhos. E, na medida que se sente ainda sem completa segurança no universo masculino, conserva a necessidade de um retiro, símbolo desse refúgio interior que se habituou a procurar em si mesma. Dócil à tradição feminina, lustrará o assoalho, fará ela mesma sua comida em vez de ir, como seu colega, comer no restaurante. Quer viver como um homem e como uma mulher ao mesmo tempo: com isso multiplica seus trabalhos e fadigas.

Se pretende permanecer plenamente mulher, é porque pretende também abordar o outro sexo com o máximo de possibilidades. É no terreno sexual que se apresentarão os problemas mais difíceis. Para ser um indivíduo completo, igual ao homem, é preciso que a mulher tenha acesso ao mundo masculino, assim como o homem tem acesso ao mundo feminino, que tenha acesso ao *outro*; só que as exigências do *outro* não são em ambos os casos simétricas. Uma vez conquistadas, a fortuna, a celebridade apresentam-se como virtudes imanentes, podem aumentar a atração sexual da mulher, mas o fato de ser uma atividade autônoma contradiz sua feminilidade, ela o sabe. A mulher independente — e principalmente a intelectual que pensa sua situação — sofrerá, como fêmea, de um complexo de inferioridade; não tem tempo para consagrar à sua beleza cuidados tão atentos quanto a coquete, cuja única preocupação é seduzir; por mais que siga os conselhos de especialistas, nunca passará de uma amadora no terreno da elegância; o encanto feminino exige que a transcendência, degradando-se em imanência, só se apresente como uma palpitação carnal sutil; cumpre ser uma presa espontaneamente oferecida: a intelectual sabe que se oferece, sabe que é uma consciência, um sujeito; não se consegue amortecer o olhar pela vontade, transformar os olhos em uma poça de céu ou de água; nem sempre se detém com firmeza o impulso de um corpo que tende para o mundo, a fim de metamorfoseá-lo em uma estátua animada por surdas vibrações. A intelectual tentará fazê-lo ainda com maior zelo porque teme fracassar, mas esse zelo consciente é ainda uma atividade e não atinge seu objetivo. Ela comete erros análogos aos que a menopausa sugere: tenta negar sua "cerebralidade" como a mulher que envelhece tenta negar a idade; veste-se como menina, enche-se de flores, adornos, tecidos espalhafatosos; exagera as mímicas infantis e maravilhadas. Brinca, saltita, tagarela, mostra-se desenvolta, estouvada, impulsiva. Mas assemelha-se a esses atores que, por não sentirem a emoção que acarretaria o relaxamento de certos músculos, contraem, por um esforço de vontade, os antagonistas, abaixando as pálpebras ou os cantos dos lábios, em vez de os deixar cair; assim a mulher de ação crispa-se para mimar o abandono. Sente-o, e com isso se irrita; no rosto, perdidamente ingênuo, brilha de repente uma luz de inteligência demasiado viva; os lábios promissores contraem-se. Se tem dificuldade em agradar é porque não é, como suas irmãzinhas escravas, uma pura vontade de agradar; o desejo de seduzir, por vivo que seja, não lhe desceu à medula dos ossos; sentindo-se inábil, irrita-se com seu servilismo; quer se vingar

A mulher independente

participando do jogo com armas masculinas; fala em vez de escutar, expõe pensamentos sutis, emoções inéditas; contradiz seu interlocutor em lugar de o aprovar, tenta ser-lhe superior. Mme. de Staël misturava bastante habilmente os dois métodos para alcançar triunfos fulminantes: era raro que lhe resistissem. Mas a atitude de desafio, tão frequente, entre outras, nas norte-americanas, aborrece os homens mais do que os domina; são eles, aliás, que a provocam com sua própria desconfiança; se aceitassem amar uma semelhante de preferência a uma escrava — como o fazem, aliás, os que, entre eles, são isentos de arrogância e de complexo de inferioridade —, as mulheres seriam muito menos obcecadas pela sua feminilidade; ganhariam com isso naturalidade, simplicidade, e se achariam mulheres sem tanto esforço, pois, afinal de contas, o são.

O fato é que os homens começam a se conformar com a nova condição da mulher; esta, não se sentindo condenada *a priori*, acha-se mais à vontade: hoje a mulher que trabalha não negligencia por isso sua feminilidade e não perde sua atração sexual. Esse êxito — que já assinala um progresso para o equilíbrio — permanece, entretanto, incompleto; é ainda muito mais difícil para a mulher do que para o homem estabelecer as relações que deseja com o outro sexo. Sua vida erótica e sentimental encontra numerosos obstáculos. Nesse ponto, a mulher vassala não se acha aliás em situação privilegiada: sexual e sentimentalmente, a maioria das esposas e das cortesãs é radicalmente frustrada. Se as dificuldades são mais evidentes na mulher independente é porque ela não escolheu a resignação, e sim a luta. Todos os problemas vivos encontram na morte uma solução silenciosa; uma mulher que se empenha em viver é, portanto, mais dividida do que a que enterra sua vontade e seus desejos, mas não aceitará que lhe ofereçam esta solução como exemplo. É somente comparando-se ao homem que se julgará inferiorizada.

Uma mulher que despende suas energias, que tem responsabilidades, que conhece a dureza da luta contra as resistências do mundo, tem necessidade — como o homem — não somente de satisfazer seus desejos físicos, como ainda de conhecer o relaxamento, a diversão que oferecem aventuras sexuais felizes. Ora, há ainda meios em que essa liberdade não lhe é concretamente reconhecida; arrisca-se, usando-a, a comprometer sua reputação, sua carreira; no mínimo, exigem dela uma hipocrisia que lhe pesa. Quanto mais tiver conseguido impor-se socialmente, mais fecharão de bom grado os olhos; mas, na província principalmente, na maior parte dos casos, ela será severamente vigiada. Mesmo nas circunstâncias mais favoráveis — quando o temor da opinião pública não mais influi —, sua situação não é neste ponto equivalente à do homem. As diferenças provêm, ao mesmo tempo, da tradição e dos problemas que a natureza singular do erotismo feminino coloca.

O homem pode facilmente conhecer carícias sem consequências, que bastam em rigor para lhe acalmar a carne e relaxá-lo moralmente. Houve mulheres — em pequeno número — que reclamaram a instituição de bordéis para mulheres; em um romance intitulado *Le Numéro 17*, uma mulher propunha que se criassem casas onde as mulheres pudessem ir "aliviar-se sexualmente" com *taxiboys*.[8] Parece que existiu um estabelecimento desse tipo em São Francisco; só o frequentavam mulheres de bordel, divertidas com pagarem em vez de serem pagas; os proxenetas fecharam-no. Além de ser utópica e pouco desejável, essa solução teria sem dúvida êxito diminuto: já se viu[9] que a mulher não obtém um "alívio" tão mecanicamente quanto o homem; em sua maioria, estimariam as mulheres a situação pouco propícia a um abandono voluptuoso. Em todo caso, o fato é que esse recurso lhes é hoje recusado. A solução que consiste em pegar na rua um parceiro de uma noite ou de uma hora — supondo-se que a mulher dotada de um forte temperamento e tendo superado todas as suas inibições a encare sem repugnância — é muito mais perigosa para ela do que para o homem. O risco de uma doença venérea é mais grave para ela, pelo fato de que cabe a ele tomar precauções para evitar a contaminação; e, por prudente que seja, ela nunca se sente plenamente segura contra a ameaça de um filho.[10] Mas, principalmente nas relações entre desconhecidos — relações que se situam num plano brutal —, a diferença de força física pesa muito. Um homem

A mulher independente

não tem muito a temer da mulher que leva para casa; basta-lhe um pouco de vigilância. O mesmo não acontece com uma mulher que introduz um homem em sua casa. Falaram-me de duas jovens mulheres que, recém-chegadas a Paris e ávidas de "ver a vida", depois de uma farra tinham convidado dois sedutores cafetões de Montmartre para a ceia; viram-se pela manhã roubadas, brutalizadas e ameaçadas de chantagem. Mais significativo é o caso de uma mulher de mais ou menos quarenta anos, divorciada, que trabalhava duramente ao longo do dia para sustentar três filhos crescidos e os velhos pais. Ainda bela e atraente, não tinha absolutamente tempo para levar uma vida mundana, ser coquete, topar decentemente qualquer aventura que, aliás, a teria aborrecido. Entretanto, tinha sentidos exigentes, e julgava ter, como um homem, o direito de satisfazê-los. Certas noites ia perambular pelas ruas e dava um jeito de pegar um homem. Mas, certa vez, depois de uma hora ou duas passadas numa moita do Bois de Boulogne, o amante não consentiu em deixá-la partir: queria saber seu nome, seu endereço, queria revê-la, amancebar-se com ela; como ela recusasse, surrou-a violentamente e só a abandonou toda machucada e aterrorizada. Quanto a arranjar um amante, como frequentemente o homem arranja uma amante, sustentando-a ou ajudando-a, a coisa só é possível às mulheres ricas. Algumas há que se acomodam com essa solução: pagando o homem, dele fazem um instrumento, o que lhes permite usá-lo com um abandono desdenhoso. Mas é preciso, em geral, que sejam idosas para dissociarem tão cruamente erotismo e sentimento, quando, como vimos,[11] na adolescência feminina a união de ambos é tão profunda. Há numerosos homens que não aceitam nunca essa divisão entre a carne e a consciência. Com muito mais razão a maioria das mulheres não consentirá em encará-la. Há, de resto, nisso, uma mentira a que elas são mais sensíveis do que o homem: o cliente que paga é também um instrumento, dele se serve o parceiro como de um ganha-pão. O orgulho viril mascara ao homem os equívocos do drama erótico: ele mente a si mesmo espontaneamente; mais facilmente humilhada, mais suscetível, a mulher é também mais lúcida; só conseguirá cegar-se à custa de uma má-fé mais astuciosa.

Comprar um macho, supondo-se que tenha os meios de fazê-lo, não lhe parecerá geralmente satisfatório.

Não se trata somente, para a maioria das mulheres — como também dos homens —, de satisfazer seus desejos, e sim de manter, satisfazendo-os, sua dignidade de ser humano. Quando goza com a mulher, quando a faz gozar, o homem põe-se como o único sujeito: conquistador imperioso, doador generoso, ou ambas as coisas. Ela quer reciprocamente afirmar que escraviza seu parceiro a seu prazer, que o satisfaz plenamente com seus dons. Por isso, quando se impõe ao homem, ou pelos bens que lhe promete ou confiando na cortesia dele, ou ainda despertando, mediante certas manobras, o desejo dele em sua pura generalidade, ela se persuade de bom grado que o satisfaz. Graças a essa convicção proveitosa, ela pode solicitá-lo sem se sentir humilhada, já que afirma agir por generosidade. Por isso em *Le Blé en herbe*,[12] a "dama de branco", que almeja as carícias de Phil, diz-lhe com altivez: "Só gosto dos mendigos e dos esfomeados." Em verdade, arranja-se habilmente para que ele adote uma atitude de suplicante. Então, diz Colette, "ela se voltou apressadamente para o estreito e obscuro reino onde seu orgulho podia acreditar que a queixa é a confissão de desespero e onde as mendigas como ela bebem a ilusão da liberalidade". Mme. de Warens[13] é do tipo dessas mulheres que escolhem amantes jovens ou infelizes, ou de condição inferior, para dar a seus apetites a aparência da generosidade. Mas há também as intrépidas, que se dedicam aos homens mais robustos e que se encantam com satisfazê-los, quando eles só cederam por cortesia ou terror.

Inversamente, se a mulher que pega o homem em sua armadilha quer imaginar que se entrega, a que se entrega pretende afirmar que possui. "Eu sou uma mulher que possui", dizia-me um dia uma jovem jornalista. Em verdade, nessas coisas, salvo em caso de violação, ninguém possui realmente o outro; mas nisso a mulher mente a si mesma duplamente. Pois o fato é que o homem seduz muitas vezes por seu arrebatamento, sua agressividade, que obtém ativamente o consentimento de sua parceira. Salvo em casos excepcionais — entre outros o de Mme. de Staël, que já citei —, assim

A mulher independente

não ocorre com a mulher: ela não pode fazer muito mais do que se oferecer; porque, em sua maioria, os homens se mostram severamente ciumentos de seu papel; querem despertar na mulher uma emoção singular, e não ser eleitos para satisfazer suas necessidades em sua generalidade; escolhidos, sentem-se explorados.[14] "Uma mulher que não tem medo dos homens amedronta-os", dizia-me um jovem. E muitas vezes ouvi adultos declararem: "Tenho horror de que uma mulher tome a iniciativa." Se a mulher se oferece muito ousadamente, o homem se afasta: ele faz questão de conquistar. A mulher não pode, portanto, possuir senão se fazendo presa: é preciso que se torne uma coisa passiva, uma promessa de submissão. Conseguindo-o, pensará que efetuou voluntariamente essa conjuração mágica e se reencontrará como sujeito. Mas corre o risco de ser transformada em um objeto inútil pelo desdém do homem. Eis por que se sente tão profundamente humilhada se o homem recusa suas provocações. Este também se enraivece por vezes quando julga que foi enganado; entretanto, somente lhe aconteceu fracassar em um empreendimento, mais nada. Ao passo que a mulher consentiu em se fazer carne na emoção, na espera, na promessa: só podia ganhar perdendo-se; fica perdida. É preciso ser grosseiramente cega ou excepcionalmente lúcida para se conformar com semelhante derrota. E mesmo que a sedução vença, a vitória permanece equívoca; com efeito, segundo a opinião pública, o homem é que vence, que *tem* a mulher. Não se admite que ela possa, como o homem, assumir seus desejos: ela é a presa. Está bem-entendido que o homem integrou as forças específicas em sua individualidade, ao passo que a mulher é escrava da espécie.[15] Representam-na por vezes como uma pura passividade: é uma "Maria, deita-te aí: somente o ônibus não te passou por cima". Disponível, aberta, é um utensílio, cede facilmente ao feitiço da emoção, está fascinada pelo homem que a colhe como um fruto. Ora encaram-na como uma atividade alienada: tem um demônio que sapateia no seu interior; no fundo de sua vagina, uma serpente ávida aguarda para se empanturrar com o esperma do macho. Em todo caso, recusam-se a pensar que seja simplesmente livre. Na França, principalmente, confunde-se obstinadamente mulher livre com mulher fácil, a ideia de facilidade implicando uma ausência de resistência e de controle, uma falha, a própria negação da liberdade. A literatura feminina tenta combater esse preconceito: em *Grisélidis*,[16] por exemplo, Clara Malraux insiste no fato de que sua heroína não cede a uma solicitação, mas realiza um ato que reivindica. Na América do Norte, reconhece-se uma liberdade na atividade sexual da mulher, o que a favorece muito. Mas o desdém que manifestam, na França, contra as "mulheres que dão" os próprios homens que se beneficiam de seus favores paralisa grande número de mulheres. Têm elas horror às representações que suscitariam, às palavras a que dariam pretexto.

Mesmo desprezando os rumores anônimos, a mulher experimenta, na relação com seu parceiro, dificuldades concretas; porque a opinião pública se encarna nele. Muitas vezes, ele considera o leito como o terreno em que deve afirmar sua agressiva superioridade. Ele quer possuir, e não receber; não trocar, mas arrebatar. Procura possuir a mulher além do que ela lhe dá; exige que o consentimento dela seja uma derrota, e as palavras que ela murmura sejam as confissões que lhe arranca; admitindo seu próprio prazer, ela reconhece sua escravidão. Quando Claudine desafia Renaud pela sua decisão rápida de lhe ceder, ele toma a iniciativa: apressa-se em violentá-la, quando ela ia oferecer-se; obriga-a a conservar os olhos abertos para contemplar, na vertigem deles, o seu triunfo. Assim também em *La Condition humaine*,[17] o autoritário Ferral obstina-se em acender a lâmpada que Valérie quer apagar. Orgulhosa, reivindicadora, é como adversária que a mulher enfrenta o homem; nessa luta acha-se muito menos bem-armada do que ele; primeiramente, ele tem a força física, e lhe é mais fácil impor suas vontades; vimos também que tensão e atividade se harmonizam com seu erotismo, ao passo que a mulher, recusando a passividade, destrói o feitiço que a conduz ao prazer; vimos, também, que, em sua atitude e seus movimentos, ela mima a dominação e não atinge o prazer; em sua maioria, as mulheres que sacrificam o seu orgulho tornam-se frígidas. Raros são os amantes que permitem a suas amantes que satisfaçam

A mulher independente

tendências autoritárias ou sádicas; e mais raras ainda as mulheres que tiram dessa docilidade uma plena satisfação erótica.

Há um caminho que parece muito menos espinhoso para a mulher: o do masoquismo. Quando durante o dia uma pessoa trabalha, luta, assume responsabilidades e riscos, é um descanso entregar-se, à noite, a caprichos poderosos. Amorosa ou ingênua, compraz-se a mulher muitas vezes em se aniquilar em proveito de uma vontade tirânica. Mas, ainda assim, é preciso que se sinta realmente dominada. Àquela que vive cotidianamente entre os homens não é fácil acreditar na supremacia incondicional dos machos. Citaram-me o caso de uma mulher não realmente masoquista, mas muito "feminina", isto é, que apreciava profundamente o prazer da abdicação nos braços masculinos; tivera, desde os 17 anos, vários maridos e numerosos amantes, de quem tirava grandes alegrias; tendo levado a cabo uma empresa difícil, durante a qual comandara muitos homens, queixava-se de se ter tornado frígida: havia uma renúncia beata que se lhe tornara impossível, porque estava habituada a dominar os homens, porque o prestígio deles se dissipara. Quando a mulher começa a duvidar da superioridade dos homens, as pretensões deles só fazem diminuir a estima que poderia dedicar-lhes. Na cama, nos momentos em que o homem deseja mostrar-se mais ferozmente macho, pelo próprio fato de mimar a virilidade, ele se apresenta como infantil a olhos atentos: está apenas conjurando o velho complexo de castração, a sombra do pai ou qualquer outro fantasma. Não é sempre por orgulho que a amante se recusa a ceder aos caprichos do amante: ela ambiciona ter de lidar com um adulto, que vive um momento real de sua vida, e não com um menino que conta histórias a si mesmo. A masoquista sente-se particularmente desiludida: uma complacência maternal, agastada ou indulgente, não é a abdicação com que sonha. Ou deverá contentar-se, ela também, com jogos irrisórios, fingindo acreditar-se dominada e escravizada, ou correrá atrás dos homens ditos "superiores", na esperança de descobrir um senhor, ou se tornará frígida.

Vimos[18] que é possível escapar às tentações do sadismo e do masoquismo quando os dois parceiros se reconhecem mutuamente como semelhantes; havendo no homem e na mulher um pouco de modéstia e alguma generosidade, as ideias de vitória e de derrota ficam abolidas: o ato de amor torna-se uma livre troca. Mas, paradoxalmente, é muito mais difícil à mulher do que ao homem reconhecer como seu semelhante um indivíduo do outro sexo. Precisamente porque a casta dos machos detém a superioridade, o homem pode votar uma estima afetuosa a muitas mulheres singulares: uma mulher é fácil de ser amada; ela tem antes de tudo o privilégio de introduzir o amante em um mundo diferente e que ele se compraz em explorar ao lado dela; ela intriga, diverte, pelo menos durante algum tempo; depois, pelo fato de ser sua situação limitada, subordinada, todas as suas qualidades se apresentam como conquistas, ao passo que seus erros são desculpáveis; Stendhal[19] admira Mme. de Rênal e Mme. de Chasteller, apesar de terem preconceitos detestáveis; que uma mulher tenha ideias falsas, que seja pouco inteligente, pouco clarividente, pouco corajosa, não a julga responsável o homem: é vítima, pensa ele — com razão muitas vezes —, de sua situação; ele sonha com o que ela poderia ter sido, com o que será talvez: pode-se dar-lhe um crédito, pode-se emprestar-lhe muito, porquanto *não é* nada de definido; por causa dessa ausência é que o amante se cansará depressa: mas dela provém o mistério, o encanto que o seduz e o inclina a uma ternura fácil. É muito menos fácil ter amizade por um homem: porque ele é o que se fez ser, sem apelo; é preciso amá-lo em sua presença e em sua verdade, não em suas promessas e possibilidades incertas; ele é responsável por suas condutas e suas ideias; não tem desculpa. Com ele, só há fraternidade se lhe aprovamos os atos, os fins, as opiniões; Julien pode amar uma legitimista; uma Lamiel não poderia amar um homem cujas ideias desprezasse. Mesmo disposta a fazer acordos, uma mulher terá dificuldade em adotar uma atitude indulgente. Porque o homem não lhe abre um verde paraíso de infância, porque ela o encontra neste mundo, que é o mundo comum a ambos: ele só traz a si próprio. Fechado em si, definido, decidido, favorece pouco os sonhos; quando fala é preciso escutá-lo; leva-se a sério; se não interessa, aborrece, sua presença pesa. Somente os muito jovens se deixam

A mulher independente

enfeitar com o maravilhoso fácil, pode-se buscar neles mistério e promessa, encontrar desculpas para eles, não os levar muito a sério: é uma das razões que os torna tão sedutores aos olhos das mulheres maduras. Só que, a maior parte das vezes, eles preferem as mulheres jovens. A mulher de trinta anos é empurrada para os homens adultos. E, provavelmente, entre eles encontrará alguns que não desiludirão sua estima nem sua amizade, mas terá sorte se não exibirem então alguma arrogância. O problema, quando ela deseja uma história, uma aventura em que possa empenhar o coração e o corpo, está em encontrar um homem que possa considerar como um igual, sem que ele se olhe a si próprio como superior.

Vão me dizer que em geral as mulheres não fazem tanta história; elas pegam a oportunidade sem se pôr tantos problemas e depois se arranjam com seu orgulho e sua sensualidade. É verdade. Mas o que é verdade também é que enterram no fundo de seus corações muitas decepções, humilhações, saudades, rancores, de que não se encontram, em média, equivalente entre os homens. De um relacionamento que não deu exatamente certo tira o homem quase sempre o benefício do prazer; ela pode muito bem não colher nenhum proveito; mesmo indiferente, ela se presta com polidez ao ato sexual, quando chega o momento decisivo; pode acontecer que o amante esteja impotente e ela sofrerá, por ter se comprometido em uma aventura irrisória; se não alcança a volúpia, é então que se sente ludibriada, enganada; se se satisfaz, desejará reter duradouramente o amante. Raramente é inteiramente sincera quando afirma encarar apenas uma aventura sem consequência, contando com o prazer, porque o prazer, longe de libertá-la, a prende; uma separação, ainda que dita amigável, a fere. É muito mais raro ouvir uma mulher falar amistosamente de um antigo amante do que um homem de suas amantes.

A natureza de seu erotismo, as dificuldades de uma vida sexual livre incitam a mulher à monogamia. Entretanto, ligação ou casamento conciliam-se muito menos facilmente para ela do que para o homem com uma carreira. Acontece que o amante ou o marido lhe peça que renuncie: ela hesita, como a *Vagabonde* de Colette,[20] que deseja ardentemente um calor viril a seu lado, mas teme os entraves conjugais; se cede, ei-la novamente vassala; se recusa, ei-la condenada a uma solidão esterilizante. Hoje, o homem aceita geralmente que sua companheira conserve um trabalho; os romances de Colette Yver,[21] que nos mostram a jovem mulher acuada a sacrificar sua profissão para manter o sossego do lar, são algo ultrapassados; a vida em comum de dois seres livres é para cada um deles um enriquecimento, e, na ocupação de seu cônjuge, cada qual encontra o penhor de sua própria independência; a mulher que se basta liberta o marido da escravidão conjugal que era a garantia da sua. Se o homem for de uma boa vontade escrupulosa, amantes e esposos chegam, dentro de uma generosidade sem exigências, a uma perfeita igualdade.[22] É mesmo por vezes o homem que desempenha o papel de servidor dedicado; assim é que, ao lado de George Eliot,[23] Lewis criava a atmosfera propícia que a esposa cria habitualmente em volta do marido-suserano. Mas na maior parte do tempo é ainda a mulher que paga pela harmonia do lar. Parece natural ao homem que ela trate da casa, que assegure sozinha o cuidado e a educação das crianças. A própria mulher julga que, casando, assumiu encargos de que não a dispensa sua vida pessoal; ela não quer que o marido seja privado das vantagens que teria encontrado associando-se a "uma mulher de verdade": quer ser elegante, boa dona de casa, mãe dedicada, como o são tradicionalmente as esposas. É uma tarefa que se torna facilmente extenuante. Ela a assume ao mesmo tempo por consideração para com seu parceiro e por fidelidade a si mesma: porque faz questão, já o vimos,[24] de não falhar em seu destino de mulher. Será para o marido um duplo, ao mesmo tempo que será ela mesma; assumirá suas preocupações, participará de seus êxitos tanto quanto se interessará pela sua própria sorte e, por vezes, até mais. Educada no respeito à superioridade masculina, é possível que julgue ainda que cabe ao homem ocupar o primeiro lugar; por vezes teme também, o reivindicando, arruinar o lar; indecisa entre o desejo de se afirmar e o de se anular, fica dividida, dilacerada.

Há, entretanto, uma vantagem que a mulher pode tirar de sua própria inferioridade: como tem de início menos possibilidades do

A mulher independente

que o homem, não se sente *a priori* culpada em relação a ele; não lhe cabe compensar a injustiça social, não é solicitada por isso. Um homem de boa vontade sente-se obrigado a "poupar" as mulheres, já que é mais favorecido do que elas; ele se deixará acorrentar por escrúpulos, por piedade, arriscar-se a ser presa de mulheres que são "colantes" e "devoradoras", por serem desarmadas. A mulher que conquista uma independência viril tem o grande privilégio de se relacionar sexualmente com indivíduos, eles próprios autônomos e ativos, que — geralmente — não desempenham em sua vida um papel de parasita, não a prendem por sua fraqueza e pela exigência de suas necessidades. Em verdade, são raras as mulheres que sabem criar uma livre relação com seus parceiros; forjam elas próprias as cadeias com que eles não almejam acorrentá-las: adotam para com eles a atitude da amorosa. Durante vinte anos de espera, de sonho, de esperança, a jovem acariciou o mito do herói libertador e salvador: a independência conquistada no trabalho não basta para abolir seu desejo de uma abdicação gloriosa. Seria preciso que ela tivesse sido educada exatamente como um rapaz[25] para poder superar facilmente o narcisismo da adolescência, mas ela perpetua em sua vida de adulta esse culto do eu para o qual toda a sua mocidade a inclinou; faz de seus êxitos profissionais méritos com que enriquece sua imagem; tem necessidade de que um olhar vindo de cima revele e consagre seu valor. Mesmo sendo severa com os homens que avalia cotidianamente, não deixa de venerar o Homem e, se o encontra, mostra-se disposta a cair a seus pés. Fazer-se justificar por um deus é mais fácil do que se justificar por seu próprio esforço; o mundo incita-a a acreditar na possibilidade de uma salvação *dada*: ela escolhe acreditar nisso. Por vezes, renuncia inteiramente à sua autonomia, não passa de uma amorosa; o mais das vezes tenta uma conciliação, mas o amor idólatra, o amor-abdicação, é devastador: ocupa todos os pensamentos, todos os instantes, é obcecado, tirânico. Em caso de dissabores profissionais, a mulher busca apaixonadamente um refúgio no amor: seus fracassos traduzem-se por cenas e exigências que o amante é quem paga. Mas as penas do amor estão longe de contribuir para que redobre seu zelo profissional: geralmente, ela se irrita, ao contrário, com o gênero de vida que lhe interdita o verdadeiro caminho do grande amor. Uma mulher que trabalhava há dez anos numa revista política dirigida por mulheres dizia-me que na redação se falava raramente de política e sem cessar de amor: uma queixava-se de que só a amavam por seu corpo, desprezando-lhe a bela inteligência; outra gemia porque só lhe apreciavam o espírito, sem nunca se interessarem por seus encantos carnais. Aqui também, para que uma mulher pudesse ser amorosa à maneira de um homem, isto é, sem pôr em causa seu próprio *ser*, em liberdade, seria preciso que se pensasse sua igual, que o fosse concretamente. Seria preciso que se empenhasse com a mesma decisão em seus empreendimentos, o que, como vamos ver, não é ainda frequente.

Há uma função feminina que atualmente é quase impossível assumir com toda liberdade, é a da maternidade; na Inglaterra, na América do Norte, a mulher pode pelo menos recusá-la à vontade, graças às práticas do controle de natalidade;[26] vimos que, na França, ela é frequentemente acuada a abortos penosos e caros;[27] vê-se muitas vezes com um filho que não queria e arruína sua vida profissional. Se esse encargo é pesado, é porque, inversamente, os costumes não autorizam a mulher a procriar quando lhe apetece: a mãe solteira escandaliza, e, para o filho, um nascimento ilegítimo é um grave problema; é raro que se possa tornar-se mãe sem aceitar os grilhões do casamento ou sem decair. Se a ideia da inseminação artificial interessa tanto as mulheres, não é porque desejem evitar o ato sexual: é porque esperam que a maternidade livre venha a ser enfim admitida pela sociedade. Cumpre acrescentar que, por falta de creches, de jardins de infância convenientemente organizados, basta um filho para paralisar inteiramente a atividade da mulher; ela só pode continuar a trabalhar abandonando a criança aos pais, a amigos ou a criados. Tem que escolher entre a esterilidade, muitas vezes sentida como uma dolorosa frustração, e encargos dificilmente compatíveis com o exercício de uma carreira.

Assim, a mulher independente está hoje dividida entre seus interesses profissionais e as preocupações de sua vocação sexual; tem dificuldade em encontrar seu equilíbrio; se o assegura é à custa de

A mulher independente

concessões, de sacrifícios, de acrobacias que exigem dela uma perpétua tensão. Aí, muito mais do que nos dados fisiológicos, é que cabe procurar a razão do nervosismo, da fragilidade que muitas vezes se observam nela. É difícil afirmar em que medida a constituição física da mulher representa em si um *handicap*. Entre outras coisas, perguntou-se muito tempo qual seria o obstáculo criado pela menstruação. As mulheres que se tornaram conhecidas por trabalhos ou ações pareciam dar-lhe pouca importância: terão alcançado seu êxito precisamente por causa da benignidade de suas perturbações mensais? Pode-se perguntar se não foi, inversamente, a escolha de uma vida ativa e ambiciosa que lhes conferiu esse privilégio: pois o interesse que a mulher presta a seus incômodos exaspera-os; as esportistas, as mulheres de ação sofrem menos do que as outras, porque superam seus sofrimentos. Estas também têm seguramente causas orgânicas, e vi mulheres das mais enérgicas passarem 24 horas cada mês de cama às voltas com impiedosas torturas, mas seus empreendimentos nunca foram sustados. Estou convencida de que a maior parte dos incômodos e doenças que atingem as mulheres tem causas psicológicas: foi o que me disseram, aliás, certos ginecologistas. É por causa da tensão moral de que falei, por causa de todas as tarefas que assumem, das contradições em meio às quais se debatem, que as mulheres estão sem cessar estafadas, no limite de suas forças; isso não significa que seus males sejam imaginários: são reais e devoradores como a situação que exprimem. Mas a situação não depende do corpo, este é que depende dela. Assim, a saúde da mulher não prejudicará seu trabalho, quando a trabalhadora tiver na sociedade o lugar que deve ter; ao contrário, o trabalho ajudará poderosamente seu equilíbrio físico, evitando-lhe que dele se preocupe incessantemente.

Quando se julgam as realizações profissionais da mulher e quando a partir delas se pretende antecipar-lhe o futuro, é preciso não perder de vista esse conjunto de fatores. É no seio de uma situação atormentada, escravizada ainda aos encargos tradicionalmente implicados na feminilidade, que ela se empenha numa carreira. As circunstâncias objetivas tampouco lhe são favoráveis. É sempre difícil ser um recém-chegado que tenta abrir caminho através de uma sociedade hostil ou, pelo menos, desconfiada. Richard Wright mostrou, em *Black Boy*,[28] a que ponto as ambições de um jovem negro nos Estados Unidos são barradas desde o início e que luta lhe cabe sustentar simplesmente para se erguer ao nível em que os problemas começam a apresentar-se aos brancos; os negros que vieram da África para a França conhecem também — em si mesmos como exteriormente — dificuldades análogas às que encontram as mulheres.

É primeiramente no período de aprendizagem que a mulher se encontra em estado de inferioridade: já o indiquei a propósito da jovem, mas é preciso voltar ao assunto com maior precisão. Durante seus estudos, durante os primeiros anos, tão decisivos, de sua carreira, é raro que a mulher aproveite francamente suas possibilidades: muitas sofrerão mais tarde as desvantagens de um mau início. Com efeito, é entre 18 e trinta anos que os conflitos aos quais já me referi atingem o máximo de intensidade: e é o momento em que o futuro profissional se decide. Quer a mulher viva com os pais ou seja casada, raramente os que a cercam respeitarão seu esforço como respeitam o de um homem; vão lhe impor serviços, tarefas desagradáveis, vão lhe cercear a liberdade; ela própria ainda se acha profundamente marcada por sua educação, respeitosa dos valores afirmados pelos mais velhos, perseguida por seus sonhos de criança e de adolescente; dificilmente concilia a herança de seu passado com o interesse de seu futuro. Por vezes recusa sua feminilidade, hesita entre a castidade, a homossexualidade ou uma atitude provocante masculina, veste-se mal ou se fantasia: perde muito tempo e forças com desafios, comédias, cólera. Mais frequentemente quer, ao contrário, afirmá-la; é coquete, sai, namora, é amorosa, oscilando entre o masoquismo e a agressividade. De qualquer maneira, interroga-se, agita-se, dispersa-se. Pelo simples fato de se achar presa a preocupações estranhas, não se empenha totalmente em sua empresa: por isso tira menos proveito dela, é tentada a abandoná-la. Extremamente desmoralizante para a mulher que procura bastar-se é a existência de outras mulheres pertencentes às mesmas categorias sociais, com uma situação inicial idêntica, com

A mulher independente

idênticas possibilidades e que vivem como parasitas; o homem pode ter ressentimento contra os privilegiados, mas é solidário com sua classe. Em conjunto, os que partem nas mesmas condições alcançam mais ou menos o mesmo nível de vida; ao passo que, pela mediação do homem, mulheres de igual condição têm destinos muito diversos. A amiga casada ou confortavelmente sustentada é uma tentação para a que deve assegurar sozinha o seu êxito; parece-lhe que se condena arbitrariamente a enveredar pelos caminhos mais difíceis: diante de cada obstáculo ela se pergunta se não seria melhor escolher outro caminho. "Quando penso que preciso arrancar tudo de meu cérebro!", dizia-me escandalizada uma estudantezinha sem fortuna. O homem obedece a uma necessidade imperiosa: incessantemente deve a mulher renovar inteiramente sua decisão; ela não avança fixando à sua frente um objetivo, mas sim deixando que o olhar gire em derredor; por isso, tímido e incerto tem o andar. Tanto mais que lhe parece — como já o disse — que quanto mais avança mais renuncia a suas outras possibilidades. Dedicada à literatura, ou à ação, desagradará aos homens em geral; ou humilhará o marido, o amante, com um êxito demasiado brilhante. Não somente se aplica, então, em se mostrar elegante, frívola, como também freia seu entusiasmo. A esperança de um dia se libertar da preocupação consigo mesma, o temor de dever renunciar, assumindo tal preocupação, a essa esperança unem-se para impedi-la de se entregar, sem reticências, a seus estudos, a sua carreira.

Na medida em que a mulher quer ser mulher, sua condição independente cria nela um complexo de inferioridade; inversamente, sua feminilidade leva-a a duvidar de suas possibilidades profissionais. É esse um dos pontos mais importantes. Vimos que meninas de 14 anos declaravam numa pesquisa: "Os meninos são melhores; trabalham mais facilmente." A moça está convencida de que suas capacidades são limitadas. Pelo fato de pais e professores admitirem que o nível das meninas é inferior ao dos meninos, as alunas de bom grado o admitem igualmente; e efetivamente, apesar da identidade dos programas, sua cultura é, nos colégios, muito menos desenvolvida. Salvo algumas exceções, o conjunto de uma classe feminina de filosofia, por exemplo, situa-se nitidamente abaixo de uma classe de rapazes; numerosas alunas não pretendem continuar seus estudos, trabalham muito superficialmente, e as outras sofrem da falta de emulação. Enquanto se trata de exames bastante fáceis, sua insuficiência não se faz muito sentir, mas, atingindo os concursos sérios, a estudante toma consciência de suas falhas; atribui-as, então, não à mediocridade de sua formação, e sim à injusta maldição que pesa sobre sua feminilidade; resignando-se a essa desigualdade, ela a agrava; persuade-se de que suas possibilidades de êxito não podem residir senão em sua paciência, sua aplicação; resolve economizar avaramente suas forças: é um cálculo lamentável. A atitude utilitária é nefasta, principalmente nos estudos e profissões que reclamam um pouco de invenção, de originalidade, pequenos achados. Conversas, leituras à margem dos programas, um passeio durante o qual o espírito devaneia livremente podem ser bem mais úteis à tradução de um texto grego do que a morna compilação de densas sintaxes. Esmagada pelo respeito às autoridades e pelo peso da erudição, o olhar cerceado por antolhos, a estudante demasiado conscienciosa mata em si o senso crítico e a própria inteligência. Sua obstinação metódica engendra tensão e tédio: nas classes em que as colegiais preparam o concurso de Sèvres[29] reina uma atmosfera sufocante que desanima todas as individualidades um pouco vivas. Criando para si mesma uma prisão, a candidata só almeja evadir-se; logo que fecha o livro, pensa em mil outros assuntos. Não conhece esses momentos fecundos em que estudo e divertimentos se confundem, em que as aventuras do espírito adquirem um calor vivo. Exaurida pela ingratidão das tarefas, sente-se cada vez mais inapta para levá-las a cabo. Lembro-me de uma estudante de *agrégation* que dizia, no tempo em que havia em filosofia um concurso comum para homens e mulheres: "Os rapazes podem consegui-lo em um ou dois anos; a nós são necessários pelo menos quatro." E outra, a quem indicava a leitura de uma obra sobre Kant, autor incluído no programa: "É um livro difícil demais; é um livro para *normaliens!*" Parecia imaginar que as mulheres podiam passar no concurso com desconto; isso significava — já antes de começar — abandonar efetivamente aos homens todas as possibilidades de êxito.

A mulher independente

Em consequência desse derrotismo, a mulher acomoda-se facilmente com um êxito medíocre; não ousa visar ao alto. Abordando sua profissão com uma formação superficial, coloca, desde logo, um limite a suas ambições. Muitas vezes, o fato de ela própria ganhar sua vida já lhe parece um mérito suficiente; teria podido, como tantas outras, confiar seu destino a um homem; para continuar a querer sua independência, ela precisa de um esforço de que se orgulha, mas que a esgota. Parece-lhe ter feito bastante quando decide fazer alguma coisa. "Para uma mulher já não é tão mal", pensa. Uma mulher que exercia uma profissão insólita dizia: "Se fosse homem, eu me sentiria no dever de alcançar os primeiros lugares, mas sou a única mulher da França que ocupa semelhante cargo; é suficiente para mim." Há prudência nessa modéstia. A mulher tem medo de fracassar indo adiante. Cumpre dizer que se sente perturbada, com razão, à ideia de que não confiam nela. De maneira geral, a casta superior é hostil aos arrivistas da classe inferior: brancos não consultarão um médico negro, nem os homens, uma doutora; e os indivíduos da classe inferior, imbuídos do sentimento de sua inferioridade específica, e frequentemente cheios de rancor contra quem venceu o destino, preferirão voltar-se também para os senhores; as mulheres particularmente, em sua maioria, cristalizadas em sua adoração do homem, buscam-no avidamente no médico, no advogado, no chefe de escritório etc. Nem homens nem mulheres gostam de se achar sob as ordens de uma mulher. Seus superiores, ainda que a estimem, terão sempre por ela um pouco de condescendência; ser mulher é, senão um defeito, pelo menos uma singularidade. A mulher deve incessantemente conquistar uma confiança que não lhe é de início concedida: no princípio, ela é suspeita, precisa dar provas de si. Se tem valor, afirma, ela as dará. Mas o valor não é uma essência dada: é o resultado de um desenvolvimento feliz. Sentir pesar sobre si um preconceito desfavorável só muito raramente ajuda a vencê-lo. O complexo de inferioridade inicial acarreta, como é geralmente o caso, uma reação de defesa que é uma afetação exagerada de autoridade. A maior parte das médicas, por exemplo, tem-na demasiado ou pouco demais. Se permanecem naturais, não intimidam, porque o conjunto de sua vida as incita antes a seduzir do que a mandar; o doente que gosta de ser dominado ficará desiludido com conselhos dados com simplicidade; consciente do fato, a doutora arvora uma voz grave e um tom seco, mas não possui, então, a afável bonomia que seduz no médico seguro de si. O homem tem o hábito de se impor, seus clientes acreditam em sua competência; pode ser natural, impressiona sempre. A mulher não inspira o mesmo sentimento de segurança; torna-se afetada, exagera, faz demais. Nos negócios, na administração, mostra-se escrupulosa, minuciosa, facilmente agressiva. Como em seus estudos, carece de desenvoltura, de imaginação, de audácia. Crispa-se para vencer. Sua ação é uma sequência de desafios e de afirmações abstratas de si mesma. É esse o maior defeito que engendra a falta de segurança: o sujeito não pode esquecer de si mesmo. Não visa generosamente a um fim: procura dar as provas de valor que dele exigem. Lançando-se ousadamente para os fins, o indivíduo arrisca-se a decepções, mas alcança também resultados inesperados; a prudência condena à mediocridade. Encontra-se raramente na mulher um gosto pela aventura, pela experiência gratuita, uma curiosidade desinteressada; ela procura "fazer carreira" como outros constroem uma felicidade; permanece dominada, investida pelo universo masculino, não tem a audácia de ultrapassar seus limites, não se perde com paixão em seus projetos; considera ainda sua vida como um empreendimento imanente: não visa a um objeto, e sim, através de um objeto, seu êxito subjetivo. É essa uma atitude muito impressionante, entre outras, nas norte-americanas; agrada-lhes ter um *job* e provar a si mesmas que são capazes de executá-lo corretamente, mas não se apaixonam pelo *conteúdo* de suas tarefas. Consequentemente, a mulher tem tendência para valorizar demasiado pequenos fracassos e êxitos modestos; intermitentemente enche-se de vaidade ou desanima; quando o êxito é esperado, a pessoa acolhe-o com simplicidade, mas ele torna-se um triunfo embriagante se ela duvida obtê-lo; nisso está a desculpa das mulheres que se enchem de importância e se enfeitam com ostentação com suas mais insignificantes realizações. Olham incessantemente para trás a fim de medir o caminho percorrido: isso destrói-lhes o entusiasmo. Por esse meio, poderão realizar carreiras honrosas, mas não grandes ações. É preciso acrescentar que muitos homens só sabem igualmente construir destinos medíocres. É somente em relação aos melhores dentre eles — salvo raras exceções — que a mulher se apresenta a nós como ainda a reboque. As razões que dei explicam-no bastante e não hipotecam em nada o futuro. O que falta essencialmente à mulher de hoje, para fazer grandes coisas, é o esquecimento de si: para se esquecer é preciso primeiramente que o indivíduo esteja solidamente certo, desde logo, de que se encontrou. Recém-chegada ao mundo dos homens, e malsustentada por eles, a mulher está ainda ocupada em se encontrar.

Há uma categoria de mulheres a que estas observações não se aplicam pelo fato de que, longe de lhe prejudicar a feminilidade, sua carreira a fortalece; trata-se da categoria das mulheres que procuram superar pela expressão artística o próprio dado que constituem: atrizes, dançarinas, cantoras. Durante três séculos, foram elas, por assim dizer, as únicas que tiveram uma independência concreta no seio da sociedade, e nesta ainda ocupam atualmente um lugar privilegiado. Outrora, as artistas eram amaldiçoadas pela Igreja; essa severidade exagerada sempre lhes conferiu uma grande liberdade de costumes; beiram a galanteria e, como as cortesãs, passam grande parte de seus dias na companhia dos homens, mas, ganhando a vida por seu próprio esforço, encontrando no trabalho um sentido para sua existência, escapam a seu jugo. A grande vantagem de que gozam está em que seus êxitos profissionais contribuem — como no caso dos homens — para sua valorização sexual; realizando-se como seres humanos, realizam-se como mulheres: não são dolorosamente atormentadas por aspirações contraditórias; ao contrário, encontram em sua profissão uma justificação de seu narcisismo: toalete, cuidar da beleza, encantar fazem parte de seus deveres profissionais. Para uma mulher apaixonada por sua imagem, é uma grande satisfação *fazer* alguma coisa exibindo simplesmente o que *é*; e essa exibição reclama ao mesmo tempo bastante artifício e estudo para se apresentar, na expressão de Georgette Leblanc,[30] como um sucedâneo da ação. Uma grande atriz desejará mais alto ainda: ultrapassará o dado pela maneira pela qual o exprime, será verdadeiramente uma artista, um criador que dá sentido à sua vida emprestando significação ao mundo.

Mas esses raros privilégios também escondem perigos: em vez de integrar em sua vida artística suas complacências narcisistas e a liberdade sexual que lhe é concedida, a atriz mergulha muitas vezes no culto de si ou na galantaria; já falei dessas "pseudoartistas" que procuram tão somente "criar um nome" no cinema ou no teatro, nome que representa um capital a ser explorado nos braços masculinos; as comodidades de um apoio viril são muito tentadoras, comparadas com os riscos de uma carreira e a severidade que implica todo verdadeiro trabalho. O desejo de um destino feminino — marido, lar, filhos — e o encantamento do amor nem sempre se conciliam com a vontade de vencer. Mas, principalmente, a admiração que experimenta por seu eu limita em muitos casos o talento da atriz; ela se ilude acerca do valor de sua simples presença, a ponto de um trabalho sério lhe parecer inútil; faz questão, antes de tudo, de pôr em evidência sua própria figura, e a esse cabotinismo sacrifica o personagem que interpreta; ela tampouco tem a generosidade de se esquecer, o que lhe tira a possibilidade de se superar: raras são as Rachel,[31] as Duse,[32] que vencem esse obstáculo e fazem de sua pessoa o instrumento de sua arte, em vez de ver na arte um servidor de seu eu. Em sua vida privada, entretanto, a cabotina exagerará todos os seus defeitos narcisistas: se mostrará vaidosa, suscetível, artista, considerará o mundo inteiro um palco.

— ✦ —

Hoje as artes de expressão não são as únicas que se propõem às mulheres; muitas delas tentam atividades criadoras. A situação da mulher predispõe-na a procurar uma salvação na literatura e na arte. Vivendo à margem do mundo masculino, não o apreende em sua figura universal, e sim através de uma visão singular; ele é para ela não um conjunto de utensílios e conceitos, e sim uma fonte de sensações

A mulher independente

e emoções; ela se interessa pelas qualidades das coisas no que têm de gratuito e secreto; adotando uma atitude de negação, de recusa, não mergulha no real: protesta contra ele com palavras; busca, através da Natureza, a imagem de sua alma, entrega-se a devaneios, quer atingir seu *ser*; *está* destinada ao fracasso; só o pode recuperar na região do imaginário. Para não deixar afundar no vazio uma vida interior que não *serve* para nada, para se afirmar contra o dado que suporta com revolta, para criar um mundo diferente desse em que não consegue alcançar-se, ela tem necessidade de se *exprimir*. Por isso é sabido que é loquaz e escrevinhadora; expande-se em conversas, cartas, diários íntimos.[33] Basta que tenha ambição e ei-la redigindo memórias, transpondo sua biografia para um romance, exprimindo seus sentimentos em poemas. Goza de amplos prazeres, que favorece tais atividades.

Mas essas mesmas circunstâncias que orientam a mulher para a criação constituem também obstáculos que ela será constantemente incapaz de superar. Quando se decide a pintar ou a escrever unicamente com o fito de encher o vazio de seus dias, quadros e ensaios serão considerados como "trabalhos de senhora"; não lhes consagrará nem mais tempo nem mais cuidado, e terão mais ou menos o mesmo valor. É muitas vezes no momento da menopausa que a mulher, para compensar as falhas de sua existência, se volta para o pincel ou para a pena: é tarde demais; carecendo de uma formação séria, não passará nunca de amadora. Mesmo se começa bastante cedo, é raro que encare a arte como um trabalho sério; habituada ao ócio, nunca tendo sentido na vida a austera necessidade de uma disciplina, não será capaz de um esforço contínuo e perseverante, não se empenhará em adquirir uma sólida técnica; não lhe apetecem as tentativas ingratas, solitárias, do trabalho que não se mostra, que cumpre destruir cem vezes e recomeçar; e como, desde a infância, ensinando-lhe a agradar ensinaram-lhe a trapacear, ela espera resolver o assunto com alguns ardis. É o que confessa Maria Bashkirtseff:[34] "Sim, não me esforço por pintar. Observei-me hoje. *Trapaceio…*" De bom grado, a mulher *brinca* de trabalhar, mas não trabalha; acreditando nas virtudes mágicas da passividade, confunde conjuras e atos, gestos simbólicos e condutas eficientes; fantasia-se de aluna de belas-artes, arma-se com seu arsenal de pincéis; postada diante do cavalete, seu olhar vai da tela branca ao espelho, mas o ramalhete de flores, a compoteira de maçãs não se inscrevem sozinhos na tela. Sentada diante de sua escrivaninha, ruminando vagas histórias, a mulher outorga-se um álibi tranquilo, imaginando que é escritora, mas é preciso chegar a traçar sinais na folha branca, é preciso que tenham um sentido para os outros. Então, descobre-se a impostura. Para agradar basta criar miragens, mas uma obra de arte não é uma miragem, é um objeto sólido; para construí-la, cumpre conhecer seu ofício. Não é somente graças a seus dons ou a seu temperamento que Colette se tornou uma grande escritora; sua pena foi muitas vezes seu ganha-pão, e ela exigiu dessa pena um trabalho cuidadoso, como um bom artesão exige de sua ferramenta: de *Claudine* a *La Naissance du jour*, a amadora tornou-se profissional: o caminho percorrido demonstra sobejamente os benefícios de um aprendizado severo. Em sua maioria, entretanto, as mulheres não compreendem os problemas que apresenta seu desejo de comunicação: e é o que explica em grande parte sua preguiça. Elas sempre se consideraram como dadas; acreditam que seus méritos vêm de uma graça que as habita e não imaginam que o valor possa ser conquistado; para seduzir, sabem apenas manifestar-se: seu encanto age ou não, elas não têm nenhum domínio sobre seu êxito ou seu fracasso; supõem por isso, de modo análogo, que para se exprimir basta a pessoa mostrar o que é; em vez de elaborar uma obra mediante um trabalho refletido, confiam em sua espontaneidade; escrever ou sorrir é para elas a mesma coisa: tentam a sorte, o êxito virá ou não. Seguras de si, confiam em que o livro ou o quadro se fará sem esforço; tímidas, a menor crítica as desanima; ignoram que o erro pode abrir o caminho do progresso, encaram-no como uma catástrofe irreparável tal qual um defeito físico. Eis por que se mostram de uma suscetibilidade que lhes é nefasta: só reconhecem seus erros com irritação e desânimo, em lugar de tirar deles lições fecundas. Infelizmente a espontaneidade não é uma conduta tão simples como parece: o paradoxo do lugar-comum — como o explica Paulhan em *Les fleurs*

A mulher independente

de tarbes[35] — está em que se confunde muitas vezes com a tradução imediata da impressão subjetiva; de modo que, no momento em que a mulher, expressando, sem levar em consideração outrem, a imagem que nela se forma, se acredita a mais singular, não faz senão reinventar um clichê banal; se lhe dizem isto, ela se espanta, fica despeitada e larga a pena; não percebe que o público lê com os olhos e o pensamento dele é que um epíteto novo pode despertar em sua memória muitas recordações gastas; é por certo um dom precioso saber pescar em si, para trazê-las à tona da linguagem, impressões vivas; admira-se em Colette uma espontaneidade que não se encontra em nenhum escritor masculino. Mas — embora os dois termos pareçam contraditórios — trata-se nela de uma espontaneidade refletida: ela recusa certas soluções para só aceitar outras, de caso pensado; o amador — em vez de utilizar as palavras como uma relação interindividual, um apelo ao outro — nelas vê a revelação direta de sua sensibilidade; parece-lhe que escolher, rasurar, é repudiar uma parte de si; nada quer sacrificar de si porque se compraz no que *é* e ao mesmo tempo porque não espera tornar-se outro. Sua vaidade estéril vem de que ama a si mesma sem ousar construir-se.

Por isso é que da legião de mulheres que tentam bulir com as artes e as letras bem poucas perseveram; mesmo as que superam esse primeiro obstáculo permanecerão muitas vezes divididas entre seu narcisismo e um complexo de inferioridade. Não saber se esquecer de si mesma é um defeito que lhes pesará mais fortemente do que em qualquer outra carreira; se seu objetivo essencial é uma abstrata afirmação de si, a satisfação formal do êxito, não se entregarão à contemplação do mundo: serão incapazes de criá-lo de novo. Maria Bashkirtseff resolveu pintar porque queria tornar-se célebre; a obsessão da glória interpõe-se entre a realidade e ela; na verdade, não gosta de pintar: a arte é apenas um meio; não são seus sonhos ambiciosos e vazios que lhe desvendarão o sentido de uma cor ou de um rosto. Em lugar de se entregar generosamente à obra que empreende, a mulher, muito frequentemente, considera-a um simples ornamento de sua vida; o livro e o quadro não passam de um intermediário inessencial, permitindo-lhe exibir publicamente esta realidade essencial: sua própria pessoa. Na verdade, é sua pessoa o principal — por vezes o único — assunto que a interessa: Mme. Vigée-Lebrun[36] não se cansa de fixar na tela sua sorridente maternidade. Mesmo falando de temas gerais, a mulher que escreve ainda falará de si: não podemos ler certas crônicas teatrais sem ficarmos informados da estatura e da corpulência do autor, da cor de seus cabelos, das particularidades de seu caráter. Sem dúvida o eu nem sempre é odioso. Poucos livros são mais apaixonantes do que certas confissões, mas é preciso que sejam sinceras e que o autor tenha alguma coisa a confessar. O narcisismo da mulher[37] empobrece-a ao invés de enriquecê-la: à força de não fazer outra coisa senão contemplar-se, ela se aniquila; até o amor que dedica a si mesma se estereotipa: ela não revela em seus escritos sua experiência autêntica e sim um ídolo imaginário construído com clichês. Não caberia censurá-la por se projetar em seus romances, como o fizeram Benjamin Constant, Stendhal, mas a desgraça está em que muitas vezes ela vê sua história como uma fantasia tola; a jovem mascara com grande reforço de fantasia a realidade que a assusta por sua crueza: é pena que, uma vez adulta, ainda envolva o mundo, seus personagens e a si mesma em brumas poéticas. Quando sob essa fantasia a realidade é vislumbrada, obtêm-se, por vezes, resultados encantadores, mas também, ao lado de *Poussière* ou de *La Nymphe au coeur fidèle*,[38] quantos romances de evasão insossos e soporíficos!

É natural que a mulher tente fugir deste mundo em que frequentemente se sente menosprezada e incompreendida; o lamentável é que não ouse então os voos audaciosos de um Gérard de Nerval, de um Poe. Há muitas razões que desculpam sua timidez. Agradar é sua maior preocupação; e muitas vezes ela já tem medo, pelo simples fato de escrever, de desagradar como mulher: a palavra *bas-bleu*,[39] embora um tanto gasta, desperta ainda ressonâncias desagradáveis; ela não tem coragem de desagradar também como escritora. O escritor original, enquanto não morre, é sempre escandaloso; a novidade inquieta e indispõe; a mulher ainda se acha espantada e lisonjeada por ser admitida no mundo do pensamento, da arte, que é um mundo masculino:

A mulher independente

nele mantém-se bem-comportada; não ousa perturbar, explorar, explodir; parece-lhe que deve fazer com que perdoem suas pretensões literárias por sua modéstia, seu bom gosto; aposta nos valores seguros do conformismo; introduz na literatura somente essa nota pessoal que se espera dela: lembra que é mulher com alguma graça, alguns requebros e preciosismos bem-escolhidos; assim é que sobressairá redigindo best-sellers; mas não se deve contar com ela para se aventurar por caminhos inéditos. Não porque as mulheres, em suas condutas, em seus sentimentos, careçam de originalidade: algumas há tão singulares que cumpre encerrá-las; no conjunto, muitas delas são mais barrocas, mais excêntricas do que os homens, cujas disciplinas recusam. Mas é em sua vida, sua correspondência, sua conversa que revelam seu gênio estranho; se tentam escrever, sentem-se esmagadas pelo universo da cultura, por ser um universo de homens; não fazem senão balbuciar. Inversamente, a mulher que escolhe raciocinar, exprimir-se segundo as técnicas masculinas, fará questão de abafar uma singularidade de que desconfia; como a estudante, será facilmente aplicada e pedante; imitará a seriedade, o vigor viril. Poderá tornar-se uma excelente teórica, poderá adquirir um sólido talento, mas terá imposto a si mesma o repúdio de tudo o que nela havia de "diferente". Há mulheres loucas e mulheres de talento: nenhuma tem essa loucura no talento, que chamam gênio.

Foi essa modéstia sensata que antes de tudo definiu até agora os limites do talento feminino. Muitas mulheres frustraram — e o fazem cada vez mais — os ardis do narcisismo e do falso maravilhoso, mas nenhuma desprezou toda prudência para tentar *emergir* além do mundo dado. Há primeiramente, bem-entendido, numerosas mulheres que aceitam a própria sociedade tal qual é; são, por excelência, as que celebram a burguesia, porquanto representam, nessa classe ameaçada, o elemento mais conservador; com adjetivos escolhidos, evocam os requintes de uma civilização dita da "qualidade"; exaltam o ideal burguês da felicidade e fantasiam com as cores da poesia os interesses de sua classe; orquestram a mistificação destinada a persuadir as mulheres a "ficarem mulheres": casas velhas, parques e hortas, avós pitorescas, crianças espertas, lixívia, geleias, festas familiares, toaletes, salões, bailes, esposas dolorosas, mas exemplares, beleza da dedicação e do sacrifício, pequenas penas e grandes alegrias do amor conjugal, sonhos de mocidade, resignação madura, todos esses temas foram explorados até o fim pelas romancistas da Inglaterra, da França, dos Estados Unidos, do Canadá e da Escandinávia; com isso ganharam glória e dinheiro, mas não enriqueceram por certo nossa visão do mundo. Muito mais interessantes são as revoltadas que acusaram essa sociedade injusta; uma literatura de reivindicação pode engendrar obras fortes e sinceras; George Eliot extraiu de sua revolta uma visão ao mesmo tempo minuciosa e dramática da Inglaterra vitoriana; entretanto, como Virginia Woolf o observa,[40] Jane Austen, as irmãs Brontë, George Eliot tiveram de despender negativamente tanta energia para libertar-se das pressões exteriores que chegam algo ofegantes a esse ponto de onde partem os escritores masculinos de grande envergadura; não lhes sobram mais forças suficientes para aproveitarem sua vitória e romperem todas as amarras: nelas não se encontra, por exemplo, a desenvoltura de um Stendhal, nem sua tranquila sinceridade. Não tiveram tampouco a riqueza de experiência de um Dostoiévski, de um Tolstoi: eis por que o belo livro que é *Middlemarch* não se iguala a *Guerra e paz*; *O morro dos ventos uivantes*,[41] apesar de sua grandeza, não tem o alcance de *Os irmãos Karamazov*. Hoje, as mulheres já têm menos dificuldades em se afirmar, mas não superaram ainda inteiramente a especificação milenar que as confina em sua feminilidade. A lucidez, por exemplo, é uma conquista de que se orgulham com razão, mas com que se satisfazem um pouco depressa demais. O fato é que a mulher tradicional é uma consciência mistificada e um instrumento de mistificação; tenta dissimular a si mesma sua dependência, o que é uma maneira de nela consentir; denunciar essa dependência já *é* uma libertação; contra as humilhações, contra a vergonha, o cinismo é uma defesa: é o esboço de uma assunção. Querendo-se lúcidas, as escritoras prestam o maior serviço à causa da mulher, mas — geralmente sem o perceber — permanecem demasiado apegadas a servir essa causa para adotar perante o universo essa atitude desinteressada que abre os

A mulher independente

mais vastos horizontes. Acreditam ter feito bastante quando afastam os véus de ilusão e mentiras; entretanto, essa audácia negativa deixa-nos ainda diante de um enigma, pois a própria verdade é ambiguidade, abismo, mistério: depois de lhe ter indicado a presença, seria necessário pensá-la, recriá-la. Não se iludir já é alguma coisa, mas é a partir daí que tudo começa; a mulher esgota sua coragem dissipando miragens e detém-se assustada no limiar da realidade. Eis por que há, por exemplo, autobiografias femininas que são sinceras e atraentes, mas nenhuma se pode comparar a *Confessions* ou a *Souvenirs d'égotisme*.[42] Estamos ainda muito preocupadas em ver com clareza para procurar outras trevas além dessa claridade.

"As mulheres não ultrapassam nunca o pretexto", dizia-me um escritor. É assaz verdadeiro. Ainda muito encantadas por terem recebido a permissão de explorar este mundo, fazem o inventário dele sem procurar descobrir-lhe o sentido. Onde por vezes elas brilham é na observação do que é dado: são repórteres notáveis; nenhum jornalista masculino sobrepujou os testemunhos de Andrée Viollis[43] sobre a Indochina e a Índia. Elas sabem descrever atmosferas, personagens, indicar relações sutis entre eles, fazer-nos participar dos movimentos secretos de suas almas: Willa Cather,[44] Edith Wharton,[45] Dorothy Parker, Katherine Mansfield[46] evocaram de maneira aguda e matizada indivíduos, climas e civilizações. É raro que consigam criar heróis masculinos tão convincentes quanto Heathcliff:[47] no homem não apreendem, por assim dizer, senão o macho, mas descreveram, muitas vezes com felicidade, sua vida interior, sua experiência, seu universo; apegadas à substância secreta dos objetos, fascinadas pela singularidade de suas próprias sensações, elas entregam sua experiência ainda quente através de adjetivos saborosos, de imagens carnais: seu vocabulário é, em geral, mais notável do que sua sintaxe, porque se interessam mais pelas coisas do que pelas relações destas entre si; não visam a uma elegância abstrata, mas, em compensação, suas palavras falam aos sentidos. Um dos domínios que exploraram com mais amor é o da Natureza; para a moça, para a mulher que ainda não abdicou de tudo, a Natureza representa o que a própria mulher representa para o homem: ela mesma é sua negação, um reino e um lugar de exílio: ela é tudo sob a figura do outro. É falando das charnecas ou das hortas que a romancista nos revela mais intimamente sua experiência e seus sonhos. Muitas há que encerram os milagres da seiva e das estações em vasos, em canteiros; outras, sem aprisionar plantas e bichos, tentam, entretanto, apropriar-se deles pelo amor atento que lhes dedicam: Colette, por exemplo, ou K. Mansfield. Mais raras são as que abordam a Natureza em sua liberdade inumana, que tentam decifrar-lhe as significações estranhas e que se perdem a fim de se unir a essa outra presença. Por esses caminhos, que Rousseau inventou, somente uma Emily Brontë, uma Virginia Woolf e, por vezes, uma Mary Webb[48] se aventuram. Com mais razão podemos contar nos dedos as mulheres que ultrapassaram o dado à procura de sua dimensão secreta: Emily Brontë interrogou a morte, V. Woolf, a vida, e K. Mansfield, por vezes — não muitas —, a contingência cotidiana e o sofrimento. Nenhuma mulher escreveu *O processo*, *Moby Dick*, *Ulisses* ou *Os sete pilares da sabedoria*.[49] Elas não contestam a condição humana porque mal começam a poder assumi-la integralmente. É o que explica que suas obras careçam geralmente de ressonâncias metafísicas e também de humor negro; elas não põem o mundo entre parênteses, não lhe fazem perguntas, não lhe denunciam as contradições: levam-no a sério. O fato é, de resto, que, em sua maioria, os homens conhecem as mesmas limitações; é quando a comparamos com os raros artistas que merecem ser chamados "grandes" que a mulher se apresenta como medíocre. Não é um destino que a limita: pode-se compreender facilmente por que não lhe foi dado — por que não lhe será dado, talvez durante muito tempo ainda — atingir os mais altos cimos.

A arte, a literatura, a filosofia são tentativas de fundar de novo o mundo sobre uma liberdade humana: a do criador. É preciso, primeiramente, se colocar sem equívoco como uma liberdade, para alimentar tal pretensão. As restrições que a educação e os costumes impõem à mulher limitam seu domínio sobre o universo. Quando o combate para conquistar um lugar neste mundo é demasiado rude, não se pode

A mulher independente

pensar em dele sair; ora, é preciso primeiramente emergir dele numa soberana solidão, se se quer tentar reapreendê-lo: o que falta primeiramente à mulher é fazer, na angústia e no orgulho, o aprendizado de seu desamparo e de sua transcendência.

O que tenho vontade, escreve Maria Bashkirtseff, é de ter liberdade de passear sozinha, de ir e vir, de sentar nos bancos do Jardim das Tulherias. Eis a liberdade sem a qual não se pode tornar-se um verdadeiro artista. Acreditais que se aproveita o que se vê quando se está acompanhado ou quando, para ir ao Louvre, é preciso esperar o carro, a dama de companhia, a família!... Eis a liberdade que falta e sem a qual não se pode chegar seriamente a ser alguma coisa. *O pensamento se acorrenta em consequência desse embaraço estúpido e incessante... Isso basta para que as asas se fechem.* É uma das grandes razões pelas quais não há mulheres artistas.

— ◆ —

Com efeito, para tornar-se um criador não basta cultivar-se, isto é, integrar espetáculos e conhecimentos na vida; é preciso que a cultura seja apreendida através do livre movimento de uma transcendência; é preciso que o espírito, com todas as suas riquezas, se projete num céu vazio que lhe cabe povoar; mas, se mil laços tênues o amarram à terra, desfaz-se o seu impulso. Hoje, sem dúvida, a jovem sai sozinha e pode passear pelas Tulherias, mas já disse quanto a rua lhe é hostil; por toda parte olhos e mãos a vigiam; se vagabundeia irrefletidamente, com o pensamento à solta, se acende um cigarro no terraço de um café, se vai só ao cinema, um incidente desagradável não tarda; é preciso que inspire respeito pela sua aparência, pela sua maneira de vestir-se: essa preocupação prega-a ao solo, encerra-a em si mesma. "As asas se fecham." Com 18 anos, T.E. Lawrence[50] realiza sozinho uma grande viagem de bicicleta através da França; não permitirão a uma moça lançar-se em semelhante aventura; menos ainda lhe será possível, como o fez Lawrence um ano depois, aventurar-se a pé num país semideserto e perigoso. Entretanto, tais experiências têm um alcance incalculável; é então que, na embriaguez da liberdade e da descoberta, o indivíduo aprende a olhar a terra inteira como seu feudo. Já a mulher se acha inteiramente privada das lições da violência; disse a que ponto sua fraqueza física a inclina à passividade; quando um rapaz resolve uma luta a socos, sente que pode confiar em si, no cuidado de si mesmo. Seria preciso pelo menos que, em compensação, a iniciativa do esporte, da aventura, o orgulho do obstáculo vencido fossem permitidos à jovem. Mas não. Ela pode sentir-se solitária *no seio* do mundo; nunca se ergue *em face* dele, única e soberana. Tudo a incita a deixar-se investir, dominar por exigências estranhas; e no amor, particularmente, ela se renega, em vez de se afirmar. Nesse sentido, tristeza ou desgraça física são muitas vezes provações fecundas: foi seu isolamento que permitiu a Emily Brontë escrever um livro forte e alucinado; em face da Natureza, da morte, do destino, não esperava socorro senão de si mesma. Rosa Luxemburgo[51] era feia; nunca se viu tentada a absorver-se no culto de sua própria imagem, a fazer--se objeto, presa e armadilha: desde sua mocidade foi inteiramente espírito e liberdade. Mesmo então é raro que a mulher assuma plenamente o angustiante diálogo com o mundo dado. As pressões que a cercam e toda a tradição que pesa sobre ela impedem que se sinta responsável pelo universo: eis a razão profunda de sua mediocridade.

Os homens que chamamos grandes são os que, de uma maneira ou de outra, puseram sobre os ombros o peso do mundo: saíram-se mais ou menos bem da tarefa, conseguiram recriá-lo ou soçobraram, mas primeiramente assumiram o enorme fardo. É o que uma mulher jamais fez, o que *nenhuma pôde* jamais fazer. Para encarar o universo como seu, para se julgar culpada de seus erros e vangloriar-se de seus progressos, é preciso pertencer à casta dos privilegiados; é somente a esses, que lhe detêm os comandos, que cabe justificá-lo, modificando-o, pensando-o, desvendando-o; só eles podem reconhecer-se nele e tentar imprimir-lhe sua marca. É no homem e não na mulher que até aqui se pôde encarnar o Homem. Ora, os indivíduos que nos parecem exemplares, que condecoramos com o nome de gênio, são os que pretenderam jogar em sua existência singular a sorte de toda

A mulher independente

a humanidade. Nenhuma mulher se acreditou autorizada a tanto. Como Van Gogh poderia ter nascido mulher? Uma mulher não teria sido enviada em missão ao Borinage, não teria sentido a miséria dos homens como seu próprio crime, não teria procurado uma redenção; nunca teria, portanto, pintado os girassóis de Van Gogh. Sem contar que o gênero de vida do pintor — a solidão de Arles, a frequentação dos cafés, dos bordéis, tudo o que alimentava a arte de Van Gogh alimentando-lhe a sensibilidade — lhe teria sido proibido. Uma mulher nunca poderia ter-se tornado Kafka: em suas dúvidas e suas inquietudes, não teria reconhecido a angústia do Homem expulso do paraíso. Não há, por assim dizer, senão santa Teresa que tenha vivido por sua conta, em um abandono total, a condição humana: vimos por quê.[52] Situando-se além das hierarquias terrestres, como são João da Cruz, ela não sentia um teto seguro sobre a cabeça. Era para ambos a mesma noite, os mesmos relâmpagos, em si o mesmo nada, em Deus a mesma plenitude. Quando finalmente for assim possível a todo ser humano colocar seu orgulho além da diferenciação sexual, na glória difícil de sua livre existência, poderá a mulher — e somente então — confundir seus problemas, suas dúvidas, suas esperanças com os da humanidade; somente então ela poderá procurar desvendar toda a realidade, e não apenas sua pessoa, em sua vida e suas obras. Enquanto ainda tiver que lutar para se tornar um ser humano, não lhe é possível ser uma criadora.

Diga-se mais uma vez: para explicar suas limitações, é portanto sua situação que cabe invocar, e não uma essência misteriosa: o futuro permanece largamente aberto. Sustentou-se à saciedade que as mulheres não possuíam "gênio criador"; é a tese que defende, entre outros, Mme. Marthe Borély,[53] antifeminista outrora famosa, mas diríamos que tentou fazer de seus livros a prova viva do ilogismo e da tolice feminina; e, em verdade, eles próprios se contestam. Aliás, a ideia de um "instinto" criador deve ser abandonada, como a do "eterno feminino" no velho armário das generalizações. Certos misóginos afirmam um pouco mais concretamente que, sendo uma neurótica, a mulher nada pode criar de válido, mas são muitas vezes as mesmas pessoas que declaram que o gênio é uma neurose. Em todo caso, o exemplo de Proust mostra suficientemente que o desequilíbrio psicofisiológico não significa nem impotência, nem mediocridade. Quanto ao argumento que se tira do exame da história, acabamos de ver o que se deve pensar. O fato histórico não pode ser considerado como definindo uma verdade eterna; traduz apenas uma situação que se manifesta precisamente como histórica porque está mudando. Como as mulheres poderiam jamais ter tido gênio, quando toda possibilidade de realizar uma obra genial — ou mesmo uma obra simplesmente — lhes era recusada? A velha Europa atormentou outrora com seu desprezo os norte-americanos bárbaros, que não possuíam artistas nem escritores: "Deixai-nos existir antes de nos pedir que justifiquemos nossa existência", respondeu, em substância, Jefferson.[54] Os negros dão as mesmas respostas aos racistas que lhes censuram não terem produzido nem um Whitman nem um Melville. O proletariado francês não pode tampouco opor nenhum nome aos de Racine ou de Mallarmé. A mulher livre está apenas nascendo; quando se tiver conquistado, talvez justifique a profecia de Rimbaud: "Os poetas serão! Quando for abolida a servidão infinita da mulher, quando ela viver para ela e por ela, tendo-a libertado o homem — até agora abominável —, ela será também poeta! A mulher encontrará o desconhecido! Divergirão dos nossos seus mundos de ideias? Ela descobrirá coisas estranhas, insondáveis, repugnantes, deliciosas, nós as aceitaremos, nós as compreenderemos."[55] Não é certo que seus "mundos de ideias" sejam diferentes dos mundos dos homens, posto que será assimilando-se a eles que ela se libertará; para saber em que medida ela permanecerá singular, em que medida tais singularidades terão importância, teria preciso aventurar-se a antecipações muito ousadas. O certo é que até aqui as possibilidades da mulher foram sufocadas e perdidas para a humanidade e que já é tempo, em seu interesse e no de todos, de deixá-la enfim correr todos os riscos, tentar a sorte.

Conclusão

"**Não, a mulher não é** nosso irmão; pela preguiça e pela corrupção fizemos dela um ser à parte, desconhecido, tendo somente o sexo como arma, o que é não apenas a guerra perpétua, mas ainda uma arma que não é de guerra leal — adorando ou odiando, mas não companheiro sincero, um ser que forma legião com espírito de corporação, de maçonaria — mas de desconfianças de eterno pequeno escravo."

Muitos homens subscreveriam ainda essas palavras de Jules Laforgue;[1] muitos pensam que entre os dois sexos haverá sempre "briga e disputa" e jamais a fraternidade será possível entre ambos. O fato é que nem os homens nem as mulheres se acham hoje satisfeitos uns com os outros. Mas a questão é saber se há uma maldição original que os condena a se entredilacerar ou se os conflitos que os opõem exprimem apenas um momento transitório da história humana.

Vimos que, a despeito das lendas, nenhum destino fisiológico impõe ao macho e à fêmea, como tais, uma eterna hostilidade; mesmo a famosa fêmea do louva-a-deus só devora o macho por falta de outros alimentos e no interesse da espécie; a esta é que, de alto a baixo da escala animal, todos os indivíduos se acham subordinados. Aliás, a humanidade é coisa diferente de uma espécie: é um devir histórico; define-se pela maneira pela qual assume a facticidade natural. Em verdade, ainda que com a maior má-fé do mundo, é impossível denunciar uma rivalidade de ordem propriamente fisiológica entre o macho e a fêmea humana. Por isso mesmo situam, de preferência, sua hostilidade no terreno intermediário entre a biologia e a psicologia, que é o da psicanálise. A mulher, dizem, inveja o pênis do homem e deseja castrá-lo, mas o desejo infantil do pênis só assume importância na vida da mulher adulta se ela sente sua feminilidade como uma mutilação; e é então, por encarnar todos os privilégios da virilidade,

A mulher independente

que ela almeja apropriar-se do órgão masculino. Admite-se de bom grado que seu sonho de castração tem uma significação simbólica: ela quer, pensam, privar o homem de sua transcendência. Vimos que sua aspiração é muito mais ambígua: ela quer, de uma maneira contraditória, *ter* essa transcendência, o que leva a supor que ela a respeita e a nega ao mesmo tempo, que entende lançar-se nela e retê-la ao mesmo tempo em si. Isso quer dizer que o drama não se desenrola num plano sexual; a sexualidade, de resto, nunca apareceu para nós como definindo um destino, como fornecendo em si a chave das condutas humanas, mas sim como exprimindo a totalidade de uma situação que contribui para definir. A luta dos sexos não se acha imediatamente implicada na anatomia do homem e da mulher. Em verdade, quando a evocam, tomam por dado que no céu intemporal das Ideias se trava uma batalha entre estas essências incertas: o Eterno feminino, o Eterno masculino. E não observam que esse combate titânico assume na terra duas formas inteiramente diferentes, correspondendo a dois momentos históricos também diferentes.

A mulher confinada na imanência tenta reter também o homem nessa prisão; assim, esta se confundirá com o mundo, e ela não mais sofrerá por se achar encarcerada: a mãe, a esposa, a amante são carcereiras; a sociedade codificada pelos homens decreta que a mulher é inferior: ela só pode abolir essa inferioridade destruindo a superioridade viril. Dedica-se, pois, a mutilar, a dominar o homem, contradizendo-o, negando-lhe a verdade e os valores. Mas com isso apenas se defende; não foi nem uma essência imutável nem uma escolha condenável que a fadaram à imanência, à inferioridade. Estas lhe foram impostas. Toda opressão cria um estado de guerra. Este caso não constitui uma exceção. O existente que é considerado como inessencial não pode deixar de pretender restabelecer sua soberania.

Hoje o combate assume outro aspecto; em vez de querer encerrar o homem numa masmorra, a mulher tenta evadir-se; não procura mais arrastá-lo para as regiões da imanência, e sim emergir à luz da transcendência. É então a atitude dos homens que cria conflito: é com má vontade que o homem libera a mulher. Agrada-lhe permanecer o sujeito soberano, o superior absoluto, o ser essencial; recusa-se a considerar concretamente a companheira como sua igual; ela responde à sua desconfiança com uma atitude agressiva. Não se trata mais de uma guerra entre indivíduos encerrados cada qual em sua esfera: uma casta reivindicante lança-se ao assalto e vê seus esforços anulados pela casta privilegiada. São duas transcendências que se enfrentam; em lugar de se reconhecerem mutuamente, cada liberdade busca dominar a outra.

Essa diferença de atitude marca-se no plano sexual como no plano espiritual; a mulher "feminina", fazendo-se uma presa passiva, tenta reduzir também o homem à sua passividade carnal; esforça-se por pegá-lo na armadilha, acorrentá-lo pelo desejo que suscita, fazendo-se docilmente coisa; ao contrário, a mulher "emancipada" quer-se a si mesma ativa e recusa a passividade que o homem procura impor-lhe. Do mesmo modo, Elise e suas êmulas denegam qualquer valor às atividades viris; colocam a carne acima do espírito, a contingência acima da liberdade, sua sabedoria rotineira acima da ousadia criadora. Mas a mulher "moderna" aceita os valores masculinos: tem a pretensão de pensar, agir, trabalhar, criar da mesma maneira que os homens; em vez de procurar diminuí-los, afirma que se iguala a eles.

Na medida em que se exprime em condutas concretas, essa reivindicação é legítima: a insolência dos homens é que é então censurável. Mas é preciso dizer, para desculpá-los, que as mulheres de bom grado embaralham as cartas. Uma Mabel Dodge[2] pretendia escravizar Lawrence pelos encantos de sua feminilidade, a fim de o dominar em seguida espiritualmente; muitas mulheres, para demonstrar com seus êxitos que valem um homem, esforçam-se por assegurar sexualmente um apoio masculino; jogam na banca e no ponto, reclamando ao mesmo tempo delicadezas antigas e estima nova, apostando em sua própria magia e em seus direitos recentes. Compreende-se que o homem, irritado, se ponha na defensiva, mas ele também é dúplice quando reclama que a mulher jogue lealmente o jogo, quando, com sua desconfiança e hostilidade, lhe recusa os trunfos indispensáveis. Em verdade, a luta não pode assumir entre eles um aspecto claro,

A mulher independente

porquanto o próprio ser da mulher é opacidade; ela não se ergue em face do homem como um sujeito, e sim como um objeto paradoxalmente dotado de subjetividade; ela se assume a um tempo como *si* e como *outro*, o que é uma contradição, acarretando desnorteantes consequências. Quando ela, ao mesmo tempo, transforma sua fraqueza e sua força numa arma, não se trata de um cálculo preestabelecido: espontaneamente ela procura sua salvação no caminho que lhe foi imposto, o da passividade, ao mesmo tempo que reivindica ativamente sua soberania; e, sem dúvida, esse processo não "é de guerra leal", mas lhe foi ditado pela situação ambígua que lhe determinaram. O homem, entretanto, quando a trata como uma pessoa liberta, indigna-se que ela permaneça para ele uma armadilha; se a lisonjeia e satisfaz enquanto presa, irrita-se com suas pretensões de autonomia; o que quer que faça, sente-se ludibriado, e ela considera-se lesada.

A disputa durará enquanto os homens e as mulheres não se reconhecerem como semelhantes, isto é, enquanto se perpetuar a feminilidade como tal; quem, dentre eles, mais se obstina em a manter? A mulher que se liberta dessa feminilidade quer contudo lhe conservar as prerrogativas; e o homem exige então que lhe assuma as limitações. "É mais fácil acusar um sexo do que desculpar o outro", diz Montaigne. É inútil distribuir censuras e prêmios. Em verdade, se o círculo vicioso é tão difícil de desfazer, é porque os dois sexos são vítimas ao mesmo tempo do outro e de si mesmos; entre dois adversários defrontando-se em sua pura liberdade um acordo poderia facilmente estabelecer-se: ainda mais porque essa guerra não beneficia ninguém. Mas a complexidade de tudo isso provém do fato de que cada campo é cúmplice do inimigo; a mulher persegue um sonho de renúncia; o homem, um sonho de alienação; a inautenticidade não compensa: cada qual acusa o outro da desgraça que atraiu, cedendo às tentações da facilidade; o que o homem e a mulher odeiam um no outro é o malogro retumbante de sua própria má-fé e de sua própria covardia.

Vimos por que, originalmente, os homens escravizaram a mulher;[3] a desvalorização da feminilidade foi uma etapa necessária da evolução humana, mas ela teria podido engendrar uma colaboração dos dois sexos. A opressão explica-se pela tendência do existente para fugir de si, alienando-se no outro, que ele oprime para tal fim; hoje essa tendência se encontra em cada homem singular: e a imensa maioria a ela cede; o marido procura-se em sua esposa, o amante, em sua amante sob a figura de uma estátua de pedra; ele procura nela o mito de sua virilidade, de sua soberania, de sua realidade imediata. "Meu marido nunca vai ao cinema", diz a mulher, e a incerta opinião masculina imprime-se no mármore da eternidade. Mas ele próprio é escravo de seu duplo; que trabalho para edificar uma imagem dentro da qual ele se encontre sempre em perigo! Ela funda-se, apesar de tudo, na caprichosa liberdade das mulheres, que é preciso sem cessar tornar propícia; o homem é corroído pela preocupação de se mostrar macho, importante, superior; representa comédias, a fim de que lhe representem outras; é também agressivo, inquieto; tem hostilidade contra as mulheres porque tem medo delas, porque tem medo do personagem com quem se confunde. Quanto tempo e quantas forças desperdiça para liquidar, sublimar, transferir complexos, falando das mulheres, seduzindo-as, temendo-as! Ele seria libertado libertando-as. Mas é precisamente o que receia. Obstina-se nas mistificações destinadas a manter a mulher acorrentada.

Muitos homens têm consciência de que ela é mistificada. "Que desgraça ser mulher! Entretanto a desgraça, quando se é mulher, está, no fundo, em não compreender que é uma desgraça", diz Kierkegaard.[4,5] De há muito vem a sociedade se esforçando por mascarar essa desgraça. Suprimiram, por exemplo, a tutela: deram "protetores" à mulher, e se eles se atribuíram os direitos dos antigos tutores foi em benefício dela. Proibi-la de trabalhar, mantê-la no lar, é defendê-la contra si mesma, assegurar-lhe a felicidade. Vimos sob que véus poéticos dissimulavam-se os encargos monótonos que lhe incumbem: casa, maternidade. Em troca de sua liberdade, presentearam-na com os tesouros falazes de sua "feminilidade". Balzac descreveu muito bem essa manobra quando aconselhou ao homem que a tratasse como escrava, persuadindo-a de que é rainha. Menos cínicos, muitos homens esforçam-se por se convencer a si mesmos de que ela é realmente uma privilegiada. Há

A mulher independente

sociólogos norte-americanos que hoje ensinam seriamente a teoria do *low-class-gain*, isto é, dos "benefícios das castas inferiores". Na França também se proclamou muitas vezes — embora de maneira menos científica — que os operários tinham muita sorte por não serem obrigados a "representar", e mais ainda os vagabundos, que podem vestir-se com trapos e dormir nas calçadas, prazeres inacessíveis ao conde de Beaumont e a esses pobres senhores de Wendel.[6] Como os piolhentos despreocupados que coçam alegremente sua bicharada, como os negros joviais rindo ao serem chicoteados e os alegres árabes do Souss, que enterram os filhos mortos de fome com o sorriso nos lábios, a mulher goza deste incomparável privilégio: a irresponsabilidade. Sem esforço, sem encargo, sem preocupação, tem ela manifestamente "a melhor parte". O que é perturbador é que, em virtude de uma perversidade obstinada — ligada sem dúvida ao pecado original — através dos séculos e dos países, as pessoas que têm a melhor parte gritam sempre a seus benfeitores: "Basta, é demais! Me contentarei com a sua!" Mas os capitalistas magníficos, os colonos generosos, os machos arrogantes obstinam-se: "Fiquem com a melhor parte, fiquem!"

O fato é que os homens encontram em sua companheira mais cumplicidade do que em geral o opressor encontra no oprimido; e disso tiram autoridade para declarar com má-fé que ela *quis* o destino que lhe impuseram. Vimos que, em verdade, toda a educação dela conspira para barrar-lhe os caminhos da revolta e da aventura; a sociedade, no seu conjunto — a começar pelos seus pais respeitados —, mente-lhe exaltando o alto valor do amor, da dedicação, do dom de si, e dissimulando-lhe que nem o amante, nem o marido, nem os filhos estarão dispostos a suportar-lhe o fardo incômodo. Ela aceita alegremente essas mentiras, porque elas a convidam a seguir o caminho em declive da facilidade: e nisso está o maior crime que cometem contra ela. Desde a infância e ao longo da vida, mimam-na, corrompem-na, designando-lhe como sua vocação essa renúncia que tenta todo existente sedento de sua liberdade; encorajando-se uma criança à preguiça, divertindo-a durante o dia inteiro, sem lhe dar a oportunidade de estudar, sem lhe mostrar a utilidade disso, não se dirá a ela na idade adulta que escolheu ser incapaz e ignorante: assim é que é educada a mulher, sem nunca lhe ensinarem a necessidade de assumir ela própria sua existência; de bom grado, ela se submete a contar com a proteção, o amor, o auxílio, a direção de outrem; deixa-se fascinar pela esperança de poder, sem *fazer* nada, realizar o seu ser. Erra ao ceder à tentação, mas o homem está malcolocado para lhe censurar isso, porque ele próprio a tentou. Quando um conflito se verificar entre eles, cada qual encarará o outro como responsável pela situação. Ela o censurará por tê-la criado: não me ensinaram a raciocinar, a ganhar a vida... Ele a censurará por tê-la aceito: não sabes nada, és uma incapaz... Cada sexo acredita justificar-se tomando a ofensiva, mas as culpas de um não inocentam o outro.

Os numerosos conflitos que jogam os homens contra as mulheres vêm do fato de que nem uns nem outros assumem todas as consequências dessa situação que um propõe e outro suporta; essa noção incerta de "igualdade na desigualdade", de que um se serve para mascarar seu despotismo e outro sua covardia, não resiste à experiência: em suas trocas, a mulher apela para a igualdade abstrata que lhe garantiram, e o homem, para a desigualdade concreta que constata. Daí vem que em todas as ligações perpetua-se um debate indefinido em torno do equívoco *dar* e *tomar*: ela se queixa de dar tudo, ele protesta que ela lhe toma tudo. É preciso que a mulher compreenda que as trocas — é uma lei fundamental da economia política — se regulam segundo o valor que a mercadoria oferecida tem para o comprador e não para o vendedor: enganaram-na persuadindo-a de que tinha um valor infinito; na verdade ela é para o homem uma distração apenas, um prazer, uma companhia, um bem inessencial; ele é o sentido, a justificação da existência dela; a permuta não se faz, portanto, entre objetos da mesma qualidade; essa desigualdade vai marcar-se particularmente no fato de que o tempo que passam juntos — e que parece falaciosamente o mesmo tempo — não tem o mesmo valor para os dois parceiros. Durante a noite que passa com a amante, o amante poderia fazer um trabalho útil à sua carreira, ver amigos, cultivar relações, distrair-se;

A mulher independente

para um homem normalmente integrado na sociedade, o tempo é uma riqueza positiva: dinheiro, reputação, prazer. Ao contrário, para a mulher ociosa, que se aborrece, é um fardo de que só deseja desembaraçar-se, aliviar-se; desde que consiga matar algumas horas, tem um benefício: a presença do homem é puro proveito. Em muitos casos, o que interessa mais claramente o homem numa ligação é o ganho sexual que dela obtém: a rigor, ele pode contentar-se com passar com sua amante apenas o tempo necessário para perpetrar o ato amoroso, mas — salvo exceção — o que ela almeja, no que lhe diz respeito, é "gastar" todo esse excesso de tempo com o qual não sabe o que fazer: e — como o vendedor de batatas que só vende batatas se aceitam seus nabos — ela só cede o corpo ao amante se ele aceita, além do corpo, horas de conversa e de passeio. Consegue-se estabelecer o equilíbrio se o preço do lote todo não se afigura demasiado elevado ao homem; isso depende, bem-entendido, da intensidade do desejo dele e da importância que têm a seus olhos as ocupações que sacrifica; mas, se a mulher reclama — oferece — tempo demais, torna-se importuna, como o rio que sai de seu leito, e o homem preferirá nada ter dela a ter demais. Ela modera então suas exigências, mas muitas vezes a balança se reequilibra à custa de uma dupla tensão: ela estima que o homem a *tem* muito barato; ele pensa que paga demasiado caro. Naturalmente essa exposição é algo humorística; entretanto — salvo nos casos de paixão ciumenta e exclusiva em que o homem quer a mulher em sua totalidade —, esse conflito se acha indicado na ternura, no desejo e até no amor; o homem "tem sempre mais que fazer" de seu tempo, ao passo que ela procura desvencilhar-se do seu; e ele não considera as horas que ela lhe dedica como um dom, e sim como um fardo. Geralmente ele consente em suportá-la, porque bem sabe que está do lado dos favorecidos, tem "a consciência pesada"; e, se tem alguma boa vontade, tenta compensar a desigualdade das condições com generosidade; entretanto, ele encara como um mérito ter piedade e, no primeiro choque, trata a mulher de ingrata, irrita-se: "Sou bom demais." Ela sente que se conduz como uma pedinchona, quando está convencida do alto valor de seus presentes, e com isso se humila. É o que explica a crueldade de que a mulher muitas vezes se mostra capaz; tem a "consciência limpa", porque se encontra do lado ruim; não se julga obrigada a nenhuma contemplação para com a casta privilegiada, pensa apenas em se defender; será mesmo muito feliz se tiver a oportunidade de manifestar seu rancor contra o amante que não a soube satisfazer: desde que não lhe dá bastante, é com prazer selvagem que ela retira tudo. Então o homem magoado descobre o valor global da ligação de que desdenhava a cada instante: está disposto a todas as promessas, ainda que seja para se julgar explorado quando as tiver de cumprir; acusa sua amante de chantagem; ela censura-lhe a avareza; ambos se consideram lesados. Aqui igualmente é inútil distribuir desculpas e censuras: nunca se pode criar justiça no seio da injustiça. Um administrador colonial não tem nenhuma possibilidade de se portar corretamente com os indígenas, nem um general com seus soldados; a única solução consiste em não ser nem colono nem chefe, mas não há como um homem impedir a si mesmo de ser um homem. Ei-lo portanto culpado contra sua vontade e oprimido por essa falta que ele próprio não cometeu; de igual modo, ela é vítima e megera a despeito de si mesma; por vezes ele se revolta, escolhe a crueldade, mas faz-se então cúmplice da injustiça e a falta torna-se realmente sua; por vezes deixa-se aniquilar, devorar por sua vítima reivindicante, mas então sente-se enganado; muitas vezes ele se atém a um compromisso que ao mesmo tempo o diminui e o põe pouco à vontade. Um homem de boa vontade será mais atormentado pela situação do que a própria mulher; em certo sentido, é sempre mais conveniente estar do lado dos vencidos; mas se ela também tem boa vontade, se é incapaz de se bastar a si mesma, se lhe repugna esmagar o homem com o peso de seu destino, ela se debate numa confusão inextricável. Encontram-se frequentemente, na vida cotidiana, esses casos que não comportam solução satisfatória porque se definem por condições que não são satisfatórias: um homem que se vê forçado a sustentar, material e moralmente, uma mulher que não mais ama sente-se vítima, mas, se abandonasse sem recursos quem lhe dedicou toda a vida, ela seria vítima de maneira igualmente injusta. O mal não

A mulher independente

vem de uma perversidade individual — e a má-fé começa quando se atacam mutuamente —, mas de uma situação contra a qual toda conduta singular é impotente. As mulheres são "colantes", pesam, e com isso sofrem; isso porque têm a sorte de um parasita que chupa a vida de um organismo estranho; se a dotarem de um organismo autônomo, se elas puderem lutar contra o mundo e dele tirar sua subsistência, sua dependência será abolida: a do homem também. Uns e outros, sem dúvida, se encontrarão muito melhor.

É fácil imaginar um mundo em que homens e mulheres seriam iguais, porquanto é exatamente o que *prometera* a revolução soviética: as mulheres, educadas e formadas exatamente como os homens, trabalhariam em condições idênticas e por salários idênticos;[7] a liberdade erótica seria admitida pelos costumes, mas o ato sexual não seria mais considerado um "serviço" que se remunera; a mulher seria *obrigada* a assegurar-se outro ganha-pão; o casamento repousaria em um compromisso livremente assumido e que os cônjuges poderiam anular quando o quisessem; a maternidade seria livre, isto é, autorizariam o controle de natalidade e o aborto, e em compensação dariam a todas as mães e a seus filhos exatamente os mesmos direitos, fossem ou não casadas; as licenças por gravidez seriam pagas pela coletividade, que assumiria o cuidado dos filhos, o que não quer dizer que estes seriam *retirados* dos pais, e sim que não lhes *abandonariam*.

Mas bastará mudar as leis, as instituições, os costumes, a opinião pública, todo o contexto social para que mulheres e homens se tornem realmente semelhantes? "As mulheres serão sempre mulheres", dizem os céticos; e outros videntes profetizam que, despojando-as de sua feminilidade, elas não conseguirão transformar-se em homens e se tornarão uns monstros. Isso é admitir que a mulher de hoje é uma criação da natureza; cumpre repetir mais uma vez que nada é natural na coletividade humana e que, entre outras coisas, a mulher é um produto elaborado pela civilização; a intervenção de outrem em seu destino é original; se essa ação fosse dirigida de outro modo, levaria a outro resultado. A mulher não se define nem por seus hormônios nem por misteriosos instintos, e sim pela maneira por que reassume, através de consciências alheias, o seu corpo e sua relação com o mundo; o abismo que separa a adolescente do adolescente foi cavado de maneira acertada desde os primeiros anos da infância; não há como impedir mais tarde que a mulher não seja o que *foi feita* e ela arrastará sempre esse passado atrás de si; pesando-se esse passado, compreende-se com clareza que seu destino não se acha fixado na eternidade. Por certo não se deve crer que baste modificar-lhe a situação econômica para que a mulher se transforme: esse fator foi e permanece o fator primordial de sua evolução, mas enquanto não tiver acarretado as consequências morais, sociais, culturais etc. que anuncia e exige, a nova mulher não poderá surgir; atualmente ela não se realizou ainda em nenhum lugar, nem na União Soviética, nem na França ou nos Estados Unidos, e é por isso que a mulher de hoje se acha esquartejada entre o passado e o futuro; apresenta-se o mais das vezes como uma "verdadeira mulher" disfarçada de homem e não se sente à vontade nem em seu corpo de mulher nem em sua vestimenta de homem. É preciso que mude de pele e corte suas próprias roupas. Só poderia consegui-lo graças a uma evolução coletiva. Nenhum educador isolado pode fabricar hoje um "ser humano fêmea" que seja o homólogo exato do "ser humano macho": educada como rapaz, a jovem sente-se excepcional e com isso sofre uma nova espécie de especificação. Stendhal bem o compreendeu quando disse: "É preciso plantar de uma só vez toda a floresta." Mas se supusermos, ao contrário, uma sociedade em que a igualdade dos sexos seja concretamente realizada, essa igualdade se afirmará como nova em cada indivíduo.

Se desde a primeira infância a menina fosse educada com as mesmas exigências, as mesmas honras, as mesmas severidades e as mesmas licenças que seus irmãos, participando dos mesmos estudos, dos mesmos jogos, prometida a um mesmo futuro, cercada de mulheres e de homens que se lhe afigurassem iguais sem equívoco, o sentido do "complexo de castração" e do "complexo de Édipo" seria profundamente modificado. Assumindo, da mesma maneira que o pai, a responsabilidade material e moral do casal, a mãe gozaria do mesmo prestígio duradouro; a criança sentiria em torno de si um mundo andrógino e

A mulher independente

não um mundo masculino; ainda que mais efetivamente atraída pelo pai — o que não é seguro —, seu amor por ele seria matizado por uma vontade de emulação e não por um sentimento de impotência: ela não se orientaria para a passividade. Autorizada a provar seu valor no trabalho e no esporte, rivalizando ativamente com os meninos, a ausência do pênis — compensada pela promessa do filho — não bastaria para engendrar um "complexo de inferioridade"; correlativamente, o menino não teria um "complexo de superioridade" se não lhe insuflassem isto e se estimasse as mulheres tanto quanto os homens.[8] A menina não procuraria, portanto, compensações estéreis no narcisismo e no sonho, não se teria por dada, se interessaria pelo que *faz*, se empenharia sem reticência em seus empreendimentos. Disse quanto a puberdade seria mais fácil se ela a superasse como o menino, em direção a um futuro livre de adulto; a menstruação só lhe inspira tamanho horror porque constitui uma queda brutal na feminilidade; ela assumiria também muito mais tranquilamente seu jovem erotismo se não sentisse um desgosto apavorado pelo conjunto de seu destino; uma educação sexual coerente a ajudaria a sobrepujar a crise. E, graças à educação mista, o mistério augusto do Homem não teria oportunidade de surgir: seria destruído pela familiaridade cotidiana e as competições francas. As objeções que se opõem a este sistema implicam sempre o respeito aos tabus sexuais, mas é inútil pretender inibir na criança a curiosidade e o prazer; chega-se assim tão somente a criar recalques, obsessões, neuroses; o sentimentalismo exaltado, os fervores homossexuais, as paixões platônicas das adolescentes, com todo o seu cortejo de tolice e de dissipação, são muito mais nefastos do que alguns jogos infantis e algumas experiências precisas. O que seria principalmente proveitoso à jovem é o fato de que, não buscando um semideus no macho — mas apenas um colega, um amigo, um parceiro —, não se veria instalada a não assumir ela própria sua existência; o erotismo, o amor teriam o caráter de uma livre superação e não o de uma renúncia; ela poderia vivê-los como uma relação de igual para igual. Não se trata, bem-entendido, de suprimir com uma penada todas as dificuldades que a criança tem de vencer para se transformar em adulto; a educação mais inteligente, mais tolerante não a poderá dispensar de realizar sua própria experiência à sua própria custa; o que se pode pedir é que não se acumulem gratuitamente obstáculos em seu caminho. Não cauterizar mais as meninas "viciosas" com ferro em brasa já é um progresso; a psicanálise instruiu um pouco os pais; entretanto, as condições atuais em que se realizam a formação e a iniciação sexual da mulher são tão deploráveis que nenhuma das objeções que lhe opõem à ideia de uma modificação radical poderá ser válida. Não se trata de abolir nela as contingências e as misérias da condição humana, e sim de lhe dar os meios de as superar.

A mulher não é vítima de nenhuma fatalidade misteriosa; as singularidades que a especificam tiram sua importância da significação de que se revestem; poderão ser superadas desde que as apreendam dentro de perspectivas novas; vimos que através de sua experiência erótica a mulher sente — e amiúde detesta — o domínio do homem: disso não se deve concluir que seus ovários a condenem a viver eternamente de joelhos diante dele. A agressividade viril só se apresenta como um privilégio senhorial no seio de um sistema que por inteiro conspira em afirmar a soberania masculina; e a mulher só se *sente* tão profundamente passiva no ato amoroso porque já então se *pensa* como tal. Reivindicando sua dignidade de ser humano, muitas mulheres entendem sua vida erótica a partir de uma tradição de escravidão: por isso parece-lhes humilhante deitarem-se embaixo do homem, serem por ele penetradas, e elas se crispam na frieza; mas, se a realidade fosse diferente, o sentido que exprimem simbolicamente gestos e atitudes amorosos seria também: uma mulher que paga, que domina o amante, pode, por exemplo, sentir-se orgulhosa de sua arrogante ociosidade e considerar que escraviza o homem que se despende ativamente. Já existem casais sexualmente equilibrados em que as noções de vitória e derrota dão lugar a uma ideia de troca. Em verdade, o homem é, como a mulher, uma carne; logo uma passividade, joguete de seus hormônios e da espécie, presa inquieta de seu desejo; e ela é, como ele, consentimento, doação voluntária, atividade em meio à sua febre carnal; vivem

A mulher independente

cada qual à sua maneira o estranho equívoco da existência feita corpo. Nesses combates em que acreditam enfrentar-se mutuamente, é contra si que cada um luta, projetando no parceiro essa parte de si mesmo que repudia; em vez de viver a ambiguidade de sua condição, cada um se esforça por ter a honra dela e fazer com que o outro lhe suporte a abjeção. Se, entretanto, ambos a assumissem com lúcida modéstia, correlativa de um autêntico orgulho, se reconheceriam como semelhantes e viveriam com amizade o drama erótico. O fato de ser um ser humano é infinitamente mais importante do que todas as singularidades que distinguem os seres humanos; não é nunca o dado que confere superioridades: a "virtude", como diziam os Antigos, define-se ao nível do "que depende de nós". Em ambos os sexos representa-se o mesmo drama da carne e do espírito, da finitude e da transcendência; ambos são corroídos pelo tempo, vigiados pela morte, têm uma mesma necessidade essencial do outro; podem tirar de sua liberdade a mesma glória; se soubessem apreciá-la, não seriam mais tentados a disputar-se privilégios falaciosos, e a fraternidade poderia então nascer entre ambos.

Vão me dizer que todas essas considerações são bem utópicas, posto que seria necessário, "para refazer a mulher", que a sociedade já a tivesse feito *realmente* igual ao homem; os conservadores nunca deixaram, em todas as circunstâncias análogas, de denunciar esse círculo vicioso: entretanto a história não para. Sem dúvida, se colocamos uma casta em estado de inferioridade, ela permanece inferior, mas a liberdade pode quebrar o círculo. Deixem os negros votar, eles se tornarão dignos do voto; deem responsabilidades à mulher, ela saberá assumi-las; o fato é que não se poderia esperar dos opressores um movimento gratuito de generosidade; mas ora a revolta dos oprimidos, ora a própria revolução da casta privilegiada criam situações novas; por isso os homens foram levados, em seu próprio interesse, a emancipar parcialmente as mulheres: basta a estas prosseguirem em sua ascensão e os êxitos que vêm obtendo incitam-nas a tanto; parece mais ou menos certo que atingirão dentro de um tempo mais ou menos longo a perfeita igualdade econômica e social, o que acarretará uma metamorfose interior.

Em todo caso, objetarão alguns: se tal mundo é possível, não é desejável. Quando a mulher for "igual" a seu homem, a vida perderá seu "sal pungente". Esse argumento não é tampouco novo: os que têm interesse em perpetuar o presente vertem sempre lágrimas sobre o mirífico passado que vai desaparecer sem conceder um sorriso ao jovem futuro. É verdade que, suprimindo os mercados de escravos, acabaram com as grandes plantações tão magnificamente ornadas de azáleas e camélias, arruinaram toda a delicada civilização sulista; as velhas rendas juntaram-se, no sótão, aos timbres tão puros dos castrados da Capela Sistina e há um certo "encanto" feminino que ameaça, ele também, desfazer-se em pó. Concordo que é ser um bárbaro não apreciar as flores raras, as rendas, a voz cristalina do eunuco e o encanto feminino. Quando se exibe, em todo o seu esplendor, a "mulher encantadora" é um objeto bem mais exaltante do que "as pinturas idiotas, ornatos de portas, cenários, telas de saltimbancos, tabuletas, iluminuras populares" que embeveciam Rimbaud;[9] enfeitada com os mais modernos artifícios, trabalhada segundo as mais novas técnicas, ela chega do fundo dos séculos, de Tebas, de Minos, de Chichén Itzá; e é também o totem plantado no coração do sertão africano; é um helicóptero e é um pássaro; e eis a maior maravilha: sob seus cabelos pintados, o sussurro das folhagens faz-se pensamento e as palavras escapam-lhe dos seios. Os homens estendem mãos ávidas para o prodígio; mas logo que o pegam ele se dissipa; a esposa, a amante falam como todo mundo, com sua boca; suas palavras valem exatamente o que valem; seus seios também. Um milagre tão fugidio — e tão raro — merecerá que perpetuem uma situação nefasta para ambos os sexos? Pode-se apreciar a beleza das flores, o encanto das mulheres, e apreciá-los pelo seu justo valor; se tais tesouros se pagam com sangue ou desgraça, cumpre saber sacrificá-los.

O fato é que esse sacrifício parece aos homens singularmente pesado; poucos há que desejem do fundo do coração que a mulher acabe de se realizar; os que a desprezam não veem o que poderiam ganhar com isso; os que a adoram veem demasiado o que poderiam perder; e é verdade que a evolução atual não ameaça apenas o encanto feminino: pondo-se

A mulher independente

a existir para si, a mulher abdicará a função de duplo e de mediadora que lhe outorga seu lugar privilegiado no universo masculino; para o homem solicitado pelo silêncio da natureza e a presença exigente de outras liberdades, um ser que seja a um só tempo seu semelhante e uma coisa passiva apresenta-se como um grande tesouro; a figura sob a qual ele percebe sua companheira pode bem ser mítica, nem por isso as experiências de que ela é fonte ou pretexto são menos reais: e não há, por certo, outras mais preciosas, mais íntimas, mais ardentes; não há como negar que a dependência, a inferioridade, a desgraça feminina lhes emprestam um caráter singular; seguramente a autonomia da mulher, embora poupe aos homens muitos aborrecimentos, lhes negará também muitas facilidades; seguramente certas maneiras de viver a aventura sexual serão perdidas no mundo de amanhã, mas isso não significa que o amor, a felicidade, a poesia, o sonho dele sejam banidos. Atentemos para o fato de que nossa falta de imaginação despovoa sempre o futuro; este não passa de uma abstração para nós; cada um de nós nele deplora surdamente a ausência do que foi; mas a humanidade de amanhã irá vivê-lo em sua carne e em sua liberdade, ele será o seu presente e ela por sua vez o preferirá; entre os sexos surgirão novas relações carnais e afetivas de que não temos ideia: já apareceram entre homens e mulheres amizades, rivalidades, cumplicidades, camaradagens, castas ou sexuais, que os séculos passados não teriam sabido inventar. Entre outras coisas, nada me parece mais contestável do que o *slogan* que destina o mundo novo à uniformidade, logo ao tédio. Não vejo ausência de tédio neste mundo, nem nunca vi que a liberdade criasse a uniformidade. Primeiramente, haverá sempre certas diferenças entre o homem e a mulher; tendo seu erotismo, logo seu mundo sexual, uma figura singular, não poderá deixar de engendrar nela uma sensualidade, uma sensibilidade singular: suas relações com seu corpo, o corpo do homem, o filho, nunca serão idênticas às que o homem mantém com seu corpo, o corpo feminino, o filho; os que tanto falam de "igualdade na diferença" se mostrariam de má-fé em não admitir que possam existir diferenças na igualdade. Por outro lado, são as instituições que criam a monotonia: jovens e bonitas, as escravas do serralho são sempre as mesmas nos braços do sultão; o cristianismo deu ao erotismo seu sabor de pecado e lenda, dotando de uma alma a fêmea do homem; restituindo-lhe sua singularidade soberana, não suprimirão o gosto patético das carícias amorosas. É absurdo pretender que a orgia, o vício, o êxtase, a paixão se tornariam impossíveis se o homem e a mulher fossem concretamente semelhantes; as contradições que opõem a carne ao espírito, o instante ao tempo, a vertigem da imanência ao apelo da transcendência, o absoluto do prazer ao nada do esquecimento serão jamais suprimidas; na sexualidade, se materializarão sempre a tensão, o tormento, a alegria, o fracasso e o triunfo da existência. Libertar a mulher é recusar encerrá-la nas relações que mantém com o homem, mas não as negar; ainda que ela se ponha para si, não deixará de existir *também* para ele: reconhecendo-se mutuamente como sujeito, cada um permanecerá entretanto um *outro* para o outro; a reciprocidade de suas relações não suprimirá os milagres que engendra a divisão dos seres humanos em duas categorias separadas: o desejo, a posse, o amor, o sonho, a aventura; e as palavras que nos comovem: dar, conquistar, unir-se, conservarão seus sentidos. Ao contrário, é quando for abolida a escravidão de uma metade da humanidade e todo o sistema de hipocrisia que implica, que a "divisão" da humanidade revelará sua significação autêntica e que o casal humano encontrará sua forma verdadeira.

"A relação imediata, natural, necessária do homem com o homem é *a relação do homem com a mulher*", disse Marx.[10] "Do caráter dessa relação decorre até que ponto o homem se comprometeu como *ser genérico*, como homem; a relação do homem com a mulher é a relação mais natural do ser humano com o ser humano. Nela se mostra portanto até que ponto o comportamento *natural* do homem se tornou *humano* ou até que ponto o ser *humano* se tornou seu ser natural, até que ponto sua *natureza humana* se tornou sua *natureza*."

Não há como dizer melhor. É no seio do mundo que lhe foi concedido que cabe ao homem fazer triunfar o reino da liberdade; para alcançar essa suprema vitória, é, entre outras coisas, necessário que, para além de suas diferenciações naturais, homens e mulheres afirmem sem equívoco sua fraternidade.

Notas

Introdução

1 Não se publica mais: chamava-se *Franchise*. (N. A.)
2 *Modern Woman: The Lost Sex* é o livro de Ferdinand Lundberg e Marynia F. Farnham (Nova York, Harper, 1947). Expoente da literatura norte-americana da época, Dorothy Parker (1893–1967) também era jornalista da *Vogue*, *The New Yorker* e *Vanity Fair*. (N. E.)
3 Segundo Sylvie Le Bon, trata-se possivelmente de Elsa Triolet. (N. E.)
4 O relatório Kinsey,⁵ por exemplo, limita-se a definir as características sexuais do homem norte-americano, o que é muito diferente. (N. A.)
5 Zoólogo por formação, fundador, na Universidade de Indiana, em Bloomington, do célebre Institute for Sex Research, Alfred Kinsey (1894–1956) acabava de publicar *Sexual Behavior in the Human Male* (1948), logo traduzido para o francês e mais conhecido como "Relatório Kinsey"; publicará *Sexual Behavior in the Human Female* em 1954. (N. E.)
6 O livro (1867–1946) havia sido publicado em 1946. A respeito de *O segundo sexo*, Julien Benda publicará uma resenha antes favorável no número de *La Nef* de dezembro de 1949-janeiro de 1950. (N. E.)
7 Essa ideia foi expressa em sua forma mais explícita por E. Levinas em seu ensaio sobre *Le Temps et l'autre*.⁸ Assim se exprime ele: "Não haveria uma situação em que a alteridade definiria um ser de maneira positiva, como essência? Qual é a alteridade que não entra pura e simplesmente na oposição das duas espécies do mesmo gênero? Penso que o contrário absolutamente contrário, cuja contrariedade não é em nada afetada pela relação que se pode estabelecer entre si e seu correlativo, a contrariedade que permite ao termo permanecer absolutamente outro, é o feminino. O sexo não é uma diferença específica qualquer. [...] A diferença dos sexos não é tampouco uma contradição. [...] Não é também a dualidade de dois termos complementares, porque esses dois termos

A mulher independente

complementares supõem um todo preexistente. [...] A alteridade realiza-se no feminino. Termo do mesmo quilate, mas de sentido oposto à consciência." (N. A.)

Suponho que Levinas não esquece que a mulher é igualmente consciência para si. Mas é impressionante que adote deliberadamente um ponto de vista de homem sem assinalar a reciprocidade do sujeito e do objeto. Quando escreve que a mulher é mistério, subentende que é mistério para o homem. De modo que essa descrição que se apresenta com intenção objetiva é, na realidade, uma afirmação do privilégio masculino. (N. A.)

8 Trata-se de quatro conferências pronunciadas entre 1946 e 1947 em Paris, no Collège de Philosophie, por Emmanuel Lévinas (1906–1995) e que acabavam de ser publicadas em volume. (N. E.)

9 O célebre sinólogo Marcel Granet (1884–1940) havia se destacado por publicar, no ano precedente, *La Civilisation chinoise: la vie publique et la vie privée* (1948). Simone de Beauvoir irá lembrar-se de suas obras quando escrever *A grande marcha* (1957), após sua viagem pela China. (N. E.)

10 Especialista em mitos e religiões, Georges Dumézil (1898–1986) acabava de publicar *L'Héritage indo-européen à Rome* (1949). (N. E.)

11 Ver C. Lévi-Strauss, *Les Structures élémentaires de la parenté*. Agradeço a Lévi-Strauss a gentileza de ter me comunicado as provas de sua tese, que, entre outras, aproveitei amplamente na segunda parte, p. 86–102.[12] (N. A.)

12 O livro de Claude Lévi-Strauss, com o qual Simone de Beauvoir travara conhecimento no momento em que preparava sua tese de filosofia, devia ser publicado pela Presses Universitaires de France no mesmo ano que *O segundo sexo* (uma crítica do livro, feita por Simone de Beauvoir, seria publicada no número de novembro de 1949 de *Les Temps Modernes*). No capítulo IV de *A força das coisas*, ela observa: "Leiris me contou que Lévi-Strauss me criticava, no que se refere às sociedades primitivas, por algumas inexatidões. Ele estava terminando sua tese sobre *As estruturas do parentesco* e pedi-lhe para dar uma olhada. Fui à sua casa várias manhãs seguidas; instalava-me diante de uma mesa, lia uma cópia datilografada de seu livro; ele confirmava minha ideia da mulher como *outro*; demonstrava que o macho permanece a criatura essencial, até mesmo no seio daquelas sociedades matrilineares ditas matriarcais." O livro será diversas vezes citado em nota no primeiro tomo de *O segundo sexo*. (N. E.)

13 Simone de Beauvoir apropria-se da noção de "*Mitsein* primordial" de Martin Heidegger (1889–1976) em *Ser e tempo* (1927). Em *O segundo sexo*, desenvolve a ideia segundo a qual a mulher é o Outro do homem, e seu status, inessencial. A igualdade autêntica deveria fazer da mulher um sujeito igual ao homem; uma vez obtida a igualdade, a mulher estará plenamente engajada no tempo e na existência, como sugere a noção de Heidegger. (N. E.)

14 O filósofo marxista August Bebel (1840–1913) é conhecido sobretudo por ser autor de *Die Frau und der Sozialismus* (*A mulher e o socialismo*), publicado em 1893. (N. E.)

15 Cf. *O segundo sexo*, vol. I, segunda parte, § 5. (N. A.)

16 François Poullain de la Barre (1647–1725) publicou *De L'égalité des sexes, discours physique et moral ou l'on voit l'importance de se défaire des préjugés* em 1673 (o texto foi reeditado pela Fayard, 1984). (N. E.)

17 Na terceira parte do primeiro volume de *O segundo sexo*, intitulada "Os mitos", Simone de Beauvoir dedica um capítulo ao autor sob o título "Montherlant ou o pão do nojo". "Montherlant", ela diz para começar, "inscreve-se na longa tradição dos machos que se apropriaram do maniqueísmo orgulhoso de Pitágoras. Ele estima, segundo Nietzsche, que apenas as épocas de fraqueza exaltaram o Eterno feminino e que o herói deve insurgir-se contra a *Magna Mater*". (N. E.)

18 Essa citação é extraída do livro III, cap. 5, dos *Ensaios*, "Sobre alguns versos de Virgílio", em que se destacam algumas considerações sobre a mulher e o casamento. (N. E.)

19 Simone de Beauvoir refere-se novamente ao capítulo 5 do livro III dos *Ensaios*. (N. E.)

20 Denis Diderot pronunciou-se sobre as mulheres em diversas ocasiões, sobretudo numa resenha de um livro intitulado *Des femmes* (1772). Suas posições nesse âmbito talvez sejam mais contraditórias que Simone de Beauvoir gostaria de supor. (N. E.)

21 O filósofo John Stuart Mill (1806–1873) foi autor de *The Subjection of Women* [*A submissão das mulheres*], publicado em 1869 (texto reeditado, em sua versão francesa, pela Payot, 2005). (N. E.)

22 Simone de Beauvoir alude aos debates que opunham, no século XIX, aqueles e aquelas que militavam em favor do acesso da mulher aos direitos civis (George Sand, por exemplo), aqueles e aquelas que reivindicavam ao

A mulher independente

mesmo tempo a obtenção de direitos políticos (como Flora Tristan e as saint-simonianas, que difundirão seu ponto de vista em 1848, sem êxito). (N. E.)

23 Ver *O segundo sexo*, vol. I, segunda parte. (N. A.)

24 Leis promulgadas no início do século XX nos estados do sul dos Estados Unidos com o objetivo de restringir os direitos concedidos aos ex-escravos declarados livres depois da Guerra de Secessão e visando instalar a segregação nas escolas, restaurantes, hospitais, locais públicos e meios de transporte (Jim Crow é o nome de um personagem negro criado para o teatro pelo ator Thomas Rice). A segregação escolar será abolida em 1954; as outras formas de segregação, pelo Civil Rights Act em 1964. (N. E.)

25 Esse "problema", ao qual a descoberta dos campos de concentração no fim da guerra havia conferido dimensão particularmente dramática (ver *A força das coisas*, cap. 1), levara Sartre a publicar suas *Reflexões sobre a questão judaica* (1946). (N. E.)

26 Escritor e crítico dramático irlandês, Bernard Shaw (1856–1950) é autor de inúmeras peças de teatro; a origem da situação não foi identificada. (N. E.)

27 Jornal dirigido aos estudantes do Quartier Latin, cujos redatores também eram estudantes; alguns desenhistas e caricaturistas empunharam ali suas primeiras armas. (N. E.)

28 Acreditou poder, pelo menos. (N. A.)

29 Filho mais velho de François Mauriac, Claude Mauriac (1914–1996) foi secretário do general De Gaulle de 1944 a 1949. Jornalista no *Figaro*, crítico literário e romancista, irá mostrar-se totalmente hostil às posições filosóficas e políticas de Sartre, bem como às análises feministas de Simone de Beauvoir. (N. E.)

30 O artigo de Michel Carrouges sobre esse tema, no número 292 do *Cahiers du Sud*, é significativo.[31] Escreve com indignação: "Gostaríamos que não houvesse o mito da Mulher, mas tão somente uma coorte de cozinheiras, de matronas, de meretrizes, de pedantes com funções de prazer e de utilidade." O que significa que, a seu ver, a mulher não tem existência para si; ele considera apenas sua *função* dentro do mundo masculino. Sua finalidade encontra-se no homem; então, com efeito, pode-se preferir sua "função" poética a qualquer outra. A questão está, precisamente, em saber por que se deveria defini-la em relação ao homem. (N. E.)

31 O artigo de Michel Carrouges ("Les Pouvoirs de la femme", publicado no número 292 da revista *Cahiers du Sud*) é igualmente citado em nota no primeiro volume de *O segundo sexo* (terceira parte, "Os mitos"). Criada em Marselha em 1925 por Jean Ballard, a *Cahiers du Sud* era uma revista de referência na época (Sartre publicara ali, notadamente, uma resenha de *O estrangeiro*, de Camus). (N. A.)

32 O homem declara, por exemplo, que não vê sua mulher diminuída pelo fato de não ter profissão: a tarefa do lar é tão nobre quanto etc. Entretanto, na primeira disputa, exclama: "Serás totalmente incapaz de ganhar tua vida sem mim." (N. A.)

33 Descrever esse processo será precisamente o objeto do segundo volume de *O segundo sexo*. (N. E.)

34 No entreguerras, havia sido sobretudo a defesa dos direitos civis que mobilizara as feministas; elas reivindicavam o direito ao voto e a revisão do Código Civil. (N. E.)

35 Isso constitui o objeto do segundo volume de *O segundo sexo*. (N. A.)

A mulher independente

1 Era o general De Gaulle que devia, na Argélia, em 21 de abril de 1944, conceder o direito de voto e de elegibilidade às francesas. Em 1945, 12 milhões de mulheres compareceram às urnas pela primeira vez. (N. E.)

2 Cf. *O segundo sexo*, II, terceira parte, cap. III. (N. E.)

3 No vol. I de *O segundo sexo* (segunda parte, "História", V), relatei quanto tais cuidados são pesados para a mulher que trabalha fora de casa.[4] (N. A.)

4 A questão continua atual (cf. *L'Injustice ménagère*, sob a direção de François de Singly, Armand Colin, 2007). (N. E.)

5 Cuja condição examinamos também no vol. I. (N. A.)

6 Cf. *O segundo sexo*, II, primeira parte, cap. I, "A lésbica". (N. E.)

7 Cf. *O segundo sexo*, II, primeira parte, cap. II, "A moça", e *Memórias de uma moça bem-comportada*. (N. E.)

8 O autor cujo nome esqueci, esquecimento que não me parece urgente reparar, explica longamente como eles poderiam ser educados para satisfazer qualquer cliente, que gênero de vida seria preciso impor-lhes etc. (N. A.)

A mulher independente

9 Cf. *O segundo sexo*, II, primeira parte, cap. I, "Infância", e II, segunda parte, cap. I, "A mulher casada". (N. E.)

10 O medo da maternidade indesejada continuava muito presente, os métodos contraceptivos sendo então muito rudimentares e o aborto rigorosamente proibido. Ver notas 26 e 27, p. 107. (N. E.)

11 Cf. *O segundo sexo*, II, primeira parte, cap. II, "A moça". (N. E.)

12 O romance de Colette, que punha em cena a relação de um adolescente e de uma mulher madura, havia sido publicado em 1923. (N. E.)

13 Jean-Jacques Rousseau contou em suas *Confissões* como, em 1736, apaixonou-se por sua "patroa", a sra. de Warens, vivendo com ela dois anos muito felizes antes de deixá-la para ir para Milão. (N. E.)

14 Esse sentimento contrapõe-se ao que indicamos na moça, só que ela acaba se resignando a seu destino. (N. A.)

15 Vimos em *O segundo sexo*, vol. I, cap. I, que há certa verdade nessa opinião. Mas não é precisamente no momento do desejo que se manifesta essa assimetria: é na procriação. No desejo, a mulher e o homem assumem identicamente sua função natural. (N. A.)

16 *O retrato de Grisélidis* havia sido publicado em 1945. (N. E.)

17 *A condição humana* havia sido publicado em 1933 e recebeu o prêmio Goncourt. (N. E.)

18 Cf. *O segundo sexo*, II, terceira parte, cap. II, "A amorosa". (N. E.)

19 Em *O segundo sexo* (I, terceira parte, cap. V), Simone de Beauvoir dedicou um capítulo a "Stendhal ou o romanesco do verdadeiro". (N. E.)

20 O romance de Colette havia sido publicado em 1910. (N. E.)

21 Antoinette de Bergerin, casada com Huzard (1874-1953), publicou, sob o nome de Colette Yver, um número razoável de romances, bem como algumas biografias romanceadas. "Meu pai não era feminista; admirava a sabedoria dos romances de Colette Yver, nos quais a advogada e a médica terminam por sacrificar suas carreiras à harmonia do lar." (*Memórias de uma moça bem-comportada*, segunda parte.) (N. E.)

22 Parece que a vida de Clara e Robert Schumann foi, durante algum tempo, um êxito desse tipo. (N. A.)

23 Tradutora, romancista, poetisa e jornalista, Mary Ann Evans (1819-1880), conhecida na literatura pelo pseudônimo George Eliot, manteve um caso com o escritor George Lewis até a morte deste em 1878. Na segunda parte

de *Memórias de uma moça bem-comportada*, Simone de Beauvoir evoca a leitura de *The Mill on the Floss*, que lhe causou forte impressão. (N. E.)

24 Cf. *O segundo sexo*, II, segunda parte, cap. I, "A mulher casada". (N. E.)

25 Isto é, não somente segundo os mesmos métodos, mas dentro do mesmo clima, o que é hoje impossível, apesar dos esforços do educador. (N. A.)

26 Método contraceptivo. A pílula só estará disponível na França a partir de 1967. (N. E.)

27 O aborto era então rigorosamente proibido, com as mulheres recorrendo, em caso de necessidade e às escondidas, às "fazedoras de anjos" ou indo abortar no estrangeiro. Em *A força da idade*, Simone de Beauvoir observa: "Nenhuma fantasia afetiva me incitava [...] à maternidade. E, por outro lado, ela não me parecia compatível com o caminho pelo qual eu enveredava: eu sabia que para me tornar escritora precisava de muito tempo e de uma grande liberdade." Em 1971, será uma das signatárias do "Manifesto das 343", publicado em *Le Nouvel Observateur*, no qual 343 mulheres conhecidas nos âmbitos político, intelectual e artístico admitirão já terem feito um aborto. Em 1973, fundará *Choisir, La cause des femmes*, com Gisèle Halimi. Ver também *A força das coisas*, cap. IV. (N. E.)

28 Nascido no Mississippi em 1908, o romancista norte-americano Richard Wright descreve em *Native Son* (1940) e *Black Boy* (1945) as duras condições vividas pelas crianças negras (traduções de trechos desses livros haviam sido publicadas em *Les Temps Modernes*). Era ligado a Sartre e a Simone de Beauvoir e lhes apresentara ativistas negros durante suas respectivas temporadas nos Estados Unidos. Também era amigo de Nelson Algren. Suas análises tiveram uma influência decisiva sobre Simone de Beauvoir. Morreu em Paris, onde vivia desde 1947, em 1960 (ver cap. XI de *A força das coisas*). (N. E.)

29 Fundada em 1794 e a princípio reservada aos rapazes, a École Normale Supérieure, situada no número 45 da rua d'Ulm, no 5° *arrondissement*, abrangia desde 1881, inicialmente num prédio da antiga manufatura de Sèvres, uma ala reservada às moças. "Minha mãe desconfiava de Sèvres, e, pensando bem, eu não fazia questão de me trancar, fora de Paris, com mulheres", anota Simone de Beauvoir em *Memórias de uma moça bem-comportada* (segunda parte). (N. E.)

A mulher independente

30 Famosa atriz de teatro e cinema, mulher de Maurice Maeterlinck, Georgette Leblanc (1869–1941) deixou algumas obras, entre as quais um volume de *Souvenirs* (1931). (N. E.)

31 Élisabeth Rachel Félix, conhecida como Rachel (1821–1858), iniciou aos 17 anos uma brilhante carreira de atriz trágica na Comédie-Française. Foi uma das artistas mais célebres do século XIX. (N. E.)

32 Eleonora Duse (1858–1924), atriz italiana de fama internacional. Manteve um célebre caso com Gabriele D'Annunzio, cujas peças protagonizou. (N. E.)

33 Como muitas moças de sua época e de seu meio, Simone de Beauvoir manteve regularmente um "caderno" a partir de sua adolescência (ver a terceira parte de *Memórias de uma moça bem-comportada*). Em sua autobiografia em vários tomos, voltaria de tempos em tempos a essa forma de narração e autoanálise. Em *Quando o espiritual domina*, uma das heroínas, Chantal, exprime-se nesse estilo. O *Diário* que Simone de Beauvoir manteve durante os primeiros meses da guerra foi publicado em 1990. (N. E.)

34 De origem russa, Marie Bashkirtseff (1860–1884) morrera muito jovem de tuberculose, deixando uma obra pictórica de qualidade excepcional e um *Diário* de fina perspicácia. Simone de Beauvoir teve acesso a uma edição incompleta, pois a completa ainda não havia sido publicada. (N. E.)

35 Jean Paulhan (1884–1968) publicara *Les Fleurs de tarbes ou la terreur dans les lettres* em 1941. A primeira parte de sua reflexão dá destaque ao tema do lugar-comum. (N. E.)

36 Entre os quadros de Élisabeth Vigée-Lebrun (1755–1842), figura o célebre *Madame Vigée-Le Brun et sa fille* (1789). (N. E.)

37 Cf. *O segundo sexo*, II, terceira parte, cap. XI, "A narcisista". (N. E.)

38 Simone de Beauvoir cita dois romances ingleses, *Poussière* [*Dusty Answer*, 1927], de Rosamond Lehmann (1901–1990), e *La Nymphe au coeur fidèle* [*The Constant Nymph*, 1924], de Margaret Kennedy (1896–1967), que havia lido na adolescência. (N. E.)

39 Mulher intelectualizada e pedante. (N. A.)

40 Simone de Beauvoir repete aqui os argumentos desenvolvidos por Virginia Woolf (1882–1941) em *Um teto todo seu*. (N. E.)

41 *Middlemarch*: romance de George Eliot publicado em 1871–1872. *O morro dos ventos uivantes*: romance de Emily Brontë (1818–1848), publicado em 1847. (N. E.)

Simone de Beauvoir

42 Simone de Beauvoir lembra-se das autobiografias de Rousseau e de Stendhal. As *Memórias*, de Mme. de Genlis (1825), ou a *História da minha vida*, de George Sand (1854–1855), então caídos no esquecimento, teriam amenizado consideravelmente seu ponto de vista. (N. E.)

43 Andrée Viollis (1870–1950), jornalista, historiadora e romancista. É autora de *A Índia contra os ingleses* (1930). (N. E.)

44 Willa Cather, romancista norte-americana (1873–1947), em cuja obra destaca-se *Nebraska: The End of the First Cycle* (1923), em que lamenta o desaparecimento do caráter selvagem do grande Oeste americano. (N. E.)

45 Nascida em Nova York, Edith Wharton (1862–1937) é autora de uma obra romanesca prolífica, destacando-se *The House of Mirth* (1905), *Ethan Frome* (1911) e *The Age of Innocence* (1920). Morou na França a maior parte de sua vida. (N. E.)

46 De origem neozelandesa, Kathleen Beauchamp, conhecida no mundo literário como Katherine Mansfield (1888–1923), passou parte de sua vida na França. É autora de vários livros, entre eles *The Garden Party* (1922). "Eu gostava de Katherine Mansfield, seus romances, seu *Diário* e suas *Cartas* [...]. Achava romanesco aquele personagem da 'mulher sozinha' que tanto a oprimira." (*A força da idade*, cap. III.) (N. E.)

47 Herói de *O morro dos ventos uivantes*, de Emily Brontë. (N. E.)

48 Romancista inglesa, Mary Webb (1881–1927) recebeu em 1924 o prêmio Femina por *Bane* (*Precious Bane*). (N. E.)

49 *O processo*, de Franz Kafka (1925), *Moby Dick*, de Herman Melville (1851), *Ulisses*, de James Joyce (1922), *Os sete pilares da sabedoria*, de Thomas Edward Lawrence (1926). (N. E.)

50 Thomas Edward Lawrence (1888–1935), romancista e especialista em Oriente Próximo. *Os sete pilares da sabedoria* obtivera um grande sucesso (Simone de Beauvoir o lera durante o verão de 1943, "deitada na relva, sob macieiras com perfume de infância"). Sua correspondência, na qual relata suas numerosas viagens, havia sido publicada em 1938. (N. E.)

51 Rosa Luxemburgo (1871–1919), grande personalidade da história do comunismo, de origem polonesa, é autora de diversos livros criticando as análises de Karl Marx. Passara a maior parte de sua vida na Alemanha, fundando com dois outros militantes a "Liga Spartacus", de viés revolucionário,

A mulher independente

e contribuindo para a formação do Partido Comunista alemão. Participou do levante espartaquista de janeiro de 1919 em Berlim, durante o qual foi presa e depois assassinada. (N. E.)

52 Cf. *O segundo sexo*, II, terceira parte, cap. III, "A mística". (N. E.)

53 Marthe Borély (1880–1955) é autora, entre outros, de *Génie féminin français*. (N. E.)

54 Thomas Jefferson (1743–1826), autor da *Declaração de Independência* (1776), (1917) e *L'Appel aux françaises* (1919), favorável a um "liberalismo humanitário". A citação não é identificada. (N. E.)

55 Carta a Paul Demeny, 15 de maio de 1871.^{56}(N. A.)

56 Trata-se de uma longa carta dirigida de Charleville a Paul Demeny e que começa com um "canto de guerra parisiense". (N. E.)

Conclusão

1 Simone de Beauvoir cita "Sur la femme. Aphorismes et réflexions", de Jules Laforgue (1860–1887). Ver *Œuvres completes*. Paris: Société du Mercure de France, 1903, t. 3, p.47–48. (N. E.)

2 Amiga de artistas e intelectuais norte-americanos, Mabel Dodge (1879–1962) recebia em sua *villa* de Florença e depois em seu apartamento da Quinta Avenida em Nova York. D.H. Lawrence e sua mulher foram hóspedes em sua casa de Taos no Novo México, onde ela hospedou um grande número de artistas; foi muito ligada a ele. Em *Saint Mawr* (1925), Lawrence criou uma versão romanceada desse episódio de sua vida; Mabel Dodge, por sua vez, publicou vários volumes de memórias. Simone de Beauvoir conheceu-a durante sua passagem pelo sudoeste dos Estados Unidos, em 1947. (N. E.)

3 Cf. *O segundo sexo*, I, segunda parte, "História". (N. E.)

4 *In vino veritas*. Diz também: "A galanteria cabe — essencialmente — à mulher e o fato de a aceitar sem hesitação explica-se pela solicitude da natureza pelo mais fraco, pelo ser desfavorecido e para o qual uma ilusão significa mais do que uma compensação. Mas essa ilusão lhe é precisamente fatal... Sentir-se libertado na miséria graças a uma imaginação, ser ludibriado por uma imaginação, não será uma zombaria ainda mais profunda?... A mulher está longe de ser *verwahrlos* (abandonada), mas em outro sentido ela

o é, porquanto nunca pode libertar-se da ilusão de que se serviu a natureza para a consolar." (N. A.)

5 Simone de Beauvoir cita *O diário de um sedutor* (1843), de Sören Kierkegaard (1813–1855), no qual o protagonista decide seduzir uma moça, possuí-la e abandoná-la sumariamente numa espécie de celebração cínica e desesperada do ato gratuito. (N. E.)

6 Simone de Beauvoir usa como exemplos um membro de uma das mais antigas e ricas famílias aristocráticas da França e a dinastia de industriais originários da Lorena, então proprietários de um importante conjunto de metalúrgicas e altos-fornos. (N. E.)

7 O fato de certos ofícios demasiado duros lhes serem vedados não contradiz esse projeto: mesmo entre os homens procura-se cada vez mais realizar uma adaptação profissional; suas capacidades físicas e intelectuais limitam suas possibilidades de escolha; o que se pede em todo caso é que nenhuma fronteira de sexo ou casta seja traçada. (N. E.)

8 Conheço um menino de oito anos que vive com uma mãe, uma tia, uma avó, todas independentes e ativas, e um avô semi-impotente. Tem ele um "complexo de inferioridade" esmagador em relação ao sexo feminino, embora a mãe se esforce por combatê-lo. No colégio, despreza colegas e professores, porque são uns pobres machos.

9 *Uma temporada no inferno*, "Alquimia do verbo" (1873). (N. E.)

10 *Oeuvres philosophiques*, t. VI. O grifo é de Marx. (N. A.)

Cronologia

Simone de Beauvoir deixou uma obra autobiográfica bastante considerável, à qual se acrescentam diversas correspondências, a maioria publicada após sua morte em 1986. O leitor encontrará aqui algumas referências e citações relativas ao período que precede a publicação de O *segundo sexo*, em 1949.

1908. Nascimento em Paris de Simone de Beauvoir. "Nasci às quatro horas, em 9 de janeiro de 1908, num quarto com móveis pintados de branco, que dava para o bulevar Raspail. [...] Dos meus primeiros anos, tenho apenas uma impressão confusa: alguma coisa de vermelho, de preto, e de quente. [...] Protegida, mimada, entretida com a incessante novidade das coisas, eu era uma menina muito alegre." (*Memórias de uma moça bem-comportada* [MMBC], primeira parte) Sua irmã, que recebera o apelido de "Poupette", nasce em 1910. Em consequência de dificuldades financeiras, a família mudou-se um pouco mais tarde para o número 71 da rua de Rennes, para um apartamento onde as duas garotinhas dividirão um único quarto.

1913. "No mês de outubro de 1913 — eu tinha cinco anos e meio — decidiram matricular-me num curso com um nome irresistível: o curso Désir [Desejo]." Simone de Beauvoir recebe ali uma educação católica e uma formação cujo caráter bastante sumário ela descobrirá mais tarde. Afora os estudos, a leitura é "o grande caso" de sua vida, mas livros e revistas são rigorosamente controlados pela mãe. Com a família, passa o verão no Limousin, perto de Uzerche, onde seu avô paterno possui uma propriedade.

1917. Chegada de Élizabeth Mabille ao curso Désir, "moreninha, com os cabelos cortados bem rentes". Logo apelidada de "Zaza", irá

A mulher independente

tornar-se rapidamente a melhor amiga de Simone: "Eu não concebia nada de melhor no mundo do que ser eu mesma e amar Zaza."

1921. Adolescente, Simone de Beauvoir se convence pouco a pouco de que sua vida "desembocará em algum lugar" e de que, ao contrário de sua mãe, não está "fadada ao destino de dona de casa" (*MMBC*, segunda parte). "Eu enfeei, meu nariz avermelhou; no meu rosto e na nuca cresceram brotoejas que eu esfregava nervosamente. [...] meus vestidos sem graça acentuavam minha esquisitice." Suas leituras intensificavam-se, mas continuavam monitoradas pela mãe. Após anos de fervorosa devoção, perde a fé.

1925. Obtenção do *baccalauréat*. "Arranquei a menção 'bom' e aquelas senhoritas [do curso Désir], satisfeitas por poderem inscrever esse sucesso em seus anais, me parabenizaram." (*ibid.*) Em seguida, decide preparar-se para ser professora. Matrícula na Sorbonne e no Instituto Sainte-Marie, em Neuilly, que dispensa às moças uma formação geral aprofundada. "'Aconteceu: estou na faculdade!', eu me dizia alegremente." (*ibid.*) À medida que Simone de Beauvoir procura emancipar-se, multiplicam-se os conflitos com seus pais. Apaixona-se pelo seu primo Jacques, que não corresponde a seu sentimento.

1928. Licenciatura em filosofia. Preparação para o concurso público. "Ao decidir me preparar para o concurso [...] pus-me em marcha para o futuro. Todos os meus dias tinham agora um sentido: encaminhavam-me para uma libertação definitiva." (*MMBC*, terceira parte)

1929. Em julho, Simone de Beauvoir faz amizade com três estudantes da École Normale Supérieure, que também se preparam para o concurso, Nizan, René Maheu (a quem deve o apelido de "Castor") e Sartre. A superioridade intelectual deste último sobre todos os seus colegas é manifesta; sua gentileza, sua preocupação com os outros e sua vontade de escrever são patentes. Simone de Beauvoir passa no concurso para professora de filosofia; tira segundo lugar, enquanto Sartre é o primeiro. "O que me inebriou quando voltei a Paris, em setembro de 1929, foi acima de tudo a minha liberdade [...]. De manhã, assim que abria os olhos, eu me espreguiçava, feliz da vida." (*A força da idade* [*FI*], cap. I) A partir desse momento, o destino de Simone de Beauvoir está selado, assim como o de Sartre. "Nossa verdade [...] inscrevia-se na eternidade e o futuro revelaria: éramos escritores." Considerado "amor necessário", em oposição aos "amores contingentes", o forte sentimento que os une é objeto de um "contrato" renovável. Morte de Zaza, possivelmente de uma meningite.

1931. Nomeação para um liceu de Marselha. "Fiquei louca. Subi em todas as suas pedras, bati pernas por todas as suas ruelas, respirei o alcatrão e os ouriços-do-mar do Velho Porto, misturei-me à multidão na Canebière." (*FI*, cap. II) Após seu serviço militar, Sartre, então no Havre, propõe casamento a Simone de Beauvoir, o que lhe permitiria conseguir um emprego na mesma cidade; ela recusa, assim como recusa a ideia da maternidade: "[Sartre] me bastava, me bastava [...]. Nem me passava pela cabeça me ver numa carne saída de mim." Grande interesse pelo cinema, que partilha com Sartre.

1932. Primeira tentativa de romance. Nomeação para Rouen, onde permanecerá até 1936. "[...] em virtude do teor das minhas aulas, eu era muito malvista pela burguesia da cidade: diziam que eu era amante de um rico senador." (*FI*, cap. III) O casal faz amizade com o ator Charles Dullin, bem como com Colette Audry, militante trotskista interessada em psicanálise.

1933. Viagem a Londres, depois para a Itália, descoberta de Roma e de Veneza. "[...] vimos Veneza com aquele olhar que nunca mais voltamos a ter: o primeiro [...]. Foi também em Veneza [...] que avistamos pela primeira vez SS de camisas marrons." (*ibid.*) No outono, partida de Sartre, nomeado professor no Instituto Francês de Berlim.

A mulher independente

1936. Olga Kosakievitch, jovem estudante russa que Sartre e Simone de Beauvoir haviam conhecido no ano anterior, desperta uma intensa paixão por parte de Sartre: "Nós achávamos que as relações humanas são uma perpétua invenção, que *a priori* nenhuma forma é privilegiada, nenhuma impossível." (*FI*, cap. IV) Todavia, essa relação a três caminhará rapidamente para o fracasso (Simone de Beauvoir fará dessa "experiência" o tema de *A convidada*). Viagem a Nápoles e ao sul da Itália. "De volta a Paris [...] mergulhamos no drama que durante dois anos e meio dominou toda a nossa vida: a guerra da Espanha" (*FI*, cap.V). No outono, Simone de Beauvoir é nomeada para o liceu Molière, em Paris.

1937. Em setembro, Sartre é nomeado para o liceu Pasteur, em Paris. Os companheiros moram cada um num quarto no hotel Mistral, 24, rua de Cels, no 14º *arrondissement*: "[...] eu tinha um sofá, prateleiras e uma escrivaninha bastante confortável para trabalhar [...]. Sartre morava no andar de cima. Tínhamos assim todas as vantagens de uma vida em comum, e nenhum de seus inconvenientes." (*ibid.*)

1938. Apresentação de *Quando o espiritual domina* a dois editores, que o recusam. Beauvoir decide sepultar o projeto "com um sorriso" (sob o título *Anne ou quand prime le spirituel*, essa coletânea de contos, que dá voz a cinco mulheres, será publicada pela Gallimard em 1979 e reeditada em 2006). Viagem ao Marrocos com Sartre. No retorno, retomada do manuscrito de *A convidada*. "Das influências que sofri, a mais manifesta é a de Hemingway [...]. Uma das características que eu apreciava em seus textos é sua recusa das descrições pretensamente objetivas: paisagens, cenários são sempre apresentados segundo a visão do herói, na perspectiva da ação." (*ibid.*)

1939. "Em 1939, minha vida viu-se radicalmente abalada: a História me agarrou para nunca mais me largar; por outro lado, engajei-me a fundo e para sempre na literatura." (*ibid.*) Em setembro, Sartre é mobilizado. De 1º de setembro a 14 de julho do ano seguinte, Simone de Beauvoir mantém um diário do qual cita excertos no cap. VI de *A força da idade*.

1940. Nizan é morto na frente de batalha, em maio. Sartre é feito prisioneiro em junho e transferido para Trèves. Será libertado em março do ano seguinte.

1941. Criação, com alguns amigos, de um grupo de resistência intelectual, "Socialisme et Liberté", que será dissolvido meses depois.

1942. Enquanto Simone de Beauvoir continua a morar no hotel Mistral, Sartre passa por diversos quartos de hotel do 6º *arrondissement*. Adquirem o hábito de trabalhar juntos no Café de Flore. "Os escritores do nosso lado haviam tacitamente adotado algumas regras. Não se podia escrever para os jornais e revistas da zona ocupada, nem falar na Radio-Paris; podia-se trabalhar na imprensa da zona livre e na Radio-Vichy: tudo dependia do sentido dos artigos e dos programas." (*ibid.*)

1943. Simone de Beauvoir termina *Pirro e Cineias*, que é aceito pela Gallimard. Publicação pelo mesmo editor de *A convidada*, que obtém um grande sucesso. O casal faz amizade com Michel Leiris e sua mulher, bem como com Raymond Queneau e Albert Camus. No outono, mudam-se para o hotel La Louisiane, rua de Seine.

1944. Expande-se o círculo dos conhecidos: Georges Limbour, Sylvia e Georges Bataille, Jacques Lacan, os Salacrou estão entre os amigos do casal Sartre-Beauvoir. A esses vem somar-se Jean Genet, apresentado por Camus. Jantares na casa de Picasso e Dora Maar.

1945. "Um mundo devastado. No dia seguinte à Libertação, descobrem-se as salas de tortura da Gestapo, as carnificinas são reveladas." (*A força das coisas* [FC], cap. I) Simone de Beauvoir tira uma licença na universidade para poder escrever; continua a partilhar seus

A mulher independente

recursos com os de Sartre. "Escrever tornara-se para mim uma atividade exigente. Propiciava minha autonomia moral [...]. Eu via nos meus livros minha verdadeira realização." (*ibid.*) Sartre viaja para os Estados Unidos, onde trava conhecimento com escritores norte-americanos, entre os quais Richard Wright. Encontro com Violette Leduc, que lhe entrega o manuscrito de sua autobiografia. Publicação de *O sangue dos outros*: "Seu tema principal era [...] o paradoxo daquela vida vivida por mim como minha liberdade e apreendida como objeto por aqueles que se aproximavam de mim. Essas intenções escaparam ao público; o livro foi rotulado como 'um romance da resistência'." (*FC*, cap. II) Criação de uma peça de teatro, *As bocas inúteis*, logo abandonada.

1946. De 30 de abril a 20 de maio, Simone de Beauvoir mantém um diário de sua viagem à Suíça com Sartre (do qual alguns trechos são reproduzidos no capítulo II de *A força das coisas*). Conhece Boris Vian, um dos líderes do movimento "zazou". Publicação de *Todos os homens são mortais*, visto "acima de tudo como uma longa digressão em torno da morte". (*FI*, cap. VIII)

1947. Publicação de um ensaio filosófico, *Por uma moral da ambiguidade*. Viagem aos Estados Unidos para uma série de palestras. "Fiquei impressionada com a exuberância norte-americana: as ruas, as vitrines, os carros, os penteados e as peles, os bares, os *drugstores*, o crepitar do néon, as distâncias devoradas por avião, trem, automóvel, *greyhound*, esplendor cambiante das paisagens, das neves do Niágara aos desertos abrasadores do Arizona." (*FC*, cap. III) Em Chicago, conhece o escritor Nelson Algren, com quem manterá um caso por quatro anos. "Ele possuía esse dom, raro entre nós, que eu chamaria de bondade se esta palavra não houvesse sido tão distorcida."

1948. Publicação de *L'Amérique au jour le jour*. Em setembro, retorno aos Estados Unidos, que percorre com Algren, em seguida viagem ao México e à Guatemala (algumas recordações dessa viagem são contadas no capítulo III de *A força das coisas* e em *Os mandarins*, publicado em 1954).

1949. Na primavera, passagem de Nelson Algren por Paris. "O primeiro tomo de *O segundo sexo* foi publicado em junho; em maio, havia sido publicado em *Les Temps Modernes* o capítulo sobre 'a iniciação sexual da mulher', seguido em junho e julho por aqueles que abordavam 'a lésbica' e 'a maternidade'. Em novembro, sai o segundo volume pela Gallimard." (*A força das coisas*, idem)

Direção editorial
Daniele Cajueiro

Editora responsável
Ana Carla Sousa

Produção editorial
Adriana Torres
Laiane Flores
Mariana Lucena

Revisão
Perla Serafim
Kamila Wozniak

Projeto gráfico de miolo e capa
Fernanda Mello

Diagramação
Ranna Studio

Este livro foi impresso em 2024, pela Vozes, para a Nova Fronteira. O papel de niolo é avena 80g/m² e o da capa é cartão 250g/m².